「引き寄せ会社社長」こと
西山公人

2億4000万円の大赤字を「引き寄せ」で何とかしました!

光文社

はじめに

2015年3月19日、私は『引き寄せ 会社社長のブログ』を書き始めました。

そこからさかのぼること9年前に起業した自分の会社が、いよいよ倒産の危機に陥り、自己破産が見えてきた頃のことでした。

私は新卒で入った会社で順調な社会人生活を過ごし、30代で取締役を務めた別の会社は東証マザーズに上場、その時のキャピタルゲイン（会社の持ち株を売って得た利益）をもとに社員を引き連れて起業しました。

ところが……

リーマン・ショックの影響を受けて、経営は大きな危機に直面。多額の負債に見舞われることになったのです。

その後もしばらくの間は、資金のやりくりをして何とか急場をしのいできました。しかし、そんな経営状態に社員は見切りをつけ、1人減り、2人減り……、最後に残ったのは私と妻と叔母の3人だけ。負債額もどんどんふくらんでいき、気づいたら2億4000万円にも達してしまいました。


それまでの私は、市場環境を分析し、高い数値目標を立て、行動計画を細分化し、日々PDCAサイクルを回して目標達成に邁進《まいしん》するという、社会人であれば、また経営者であれば、当たり前の仕事の仕方をしていました。

目標を達成できないのは、戦略が悪いのか、努力が足りないのか。いずれにしても、高いモチベーションと行動力があれば、どんな逆境でも打ち勝つことができると考えていました。

ところが……

商品を改良しても、売り方を改善しても、必死にアポ取りをしても、徹夜で企画書を作成しても、一向に業績が上向いてきません。

むしろ、日々悪化の一途《いっと》をたどっていきました。

そんな八方塞《はっぽうふさ》がりの状況の下、たまたま肉離れを起こして1週間ほど仕事を休んでいる時に、なぜだかフッと「スピリチュアルな経営をしてみようかな？」というインスピレーションが湧いてきました。

それまでの常識的な経営方法とは真逆のやり方をしたらどうなるか？

実際にこのままでは、倒産、自己破産の道が待っているだけ。私は「最後の賭け」のつもりで、当時、第2次ブームがやってきつつあった「引き寄せの法則を中心としたスピリチュアルな経営」を実践しようと思いたったのです。

さらに、実践した結果をリアルタイムで公開しようと、毎日ブログを書くようになりました。

それにともない、私は会社の経営計画を立てるのを止めました。

目標を設定したり計画的に行動したりすること、電話営業や飛び込み営業も止めました。

科学的とか努力といった枕詞《まくらことば》が付きそうな仕事の仕方を止めました。

一方で、引き寄せの法則を中心としたスピリチュアルな書籍を大量に読みあさりました。

そして、その教えを一つひとつ忠実に実践してみたのです。

たとえば……

お金持ちになっている状態を強くイメージして、帝国ホテルでお茶をしてみたこともありました。

ところが……

このコーヒー一杯で何本のストロング系缶チューハイが飲めるんだ!? もったいない！

ひと口啜《すす》ったとたんにそんな思いがどっと押し寄せてきて、お金持ちになりきることができず、全く意味がありませんでした。

「よい気分でいるといい」と本に書いてあるのを読んで、毎朝ユーロビートのナンバーを大音量で聴き、テンションを上げ続けたこともあります。

そのときは、それなりに気分も上がるのですが、午後になると支払いの不安が一気に襲《おそ》ってきて……。気がついたら、発泡酒片手に映画館で酔いつぶれているのが常でした。

でも、本に書いてあることのすべてがうまくいかなかったわけではありません。なかでも、瞑想は自分に合っていたのか、とてもしっくりきました。

それまでの私は、「頭脳（＝思考）こそが自分なんだ」と思っていました。ところが瞑想を始めてみると、頭脳（＝思考）を観察している心（＝魂）のほうこそが本来の自分なんだということがよくわかったのです。

そんなこんなで、3年半くらいスピリチュアル本に書いてあることを実践していった結果、心はどんどんと穏やかになっていきました。

ただし……

自分を取り巻く経済的な状況はまったく変わることがありませんでした。

ところが2018年の8月……

一気に変化が起きました。

あんなに停滞していた会社の売上が、急速に伸びていったのです。

8月の売上は例年の倍。9月は3倍。10月は5倍。

その結果、自宅の賃貸マンションの家賃の滞納21か月分、会社事務所の家賃の滞納6~7か月分、それ以外にも取引先への返済や未払い金などの負債を一気に減らすことができました。

そして半年後には、家族と両親を海外旅行に連れていくことまでできたのです。


なぜ、ここまで復活を遂《と》げることができたのか?

くわしくは本編をお読みいただきたいのですが、少し触れておくと……

他人に刷り込まれた「素晴らしい人生」を追い求めるのではなく、自分が今世で楽しむテーマ=自分だけのオリジナルな人生を生きはじめる。

そうすると、心(魂)と思考(エゴ)のバランスが整い、本当の意味で心(魂)の声に従って生きるようになれる。

そしてその結果、もの凄《すご》いスピードで人生が好転していったのです。

この世の中には、スピリチュアルなことについての情報があふれかえっています。本質を表現しているものもあれば、曖昧《あいまい》な表現で誤解を受けてしまうものもあります。

また、個人的な見解にすぎないものや、明らかにスピリチュアルとは言えないウソの情報もあります。

藁にもすがる思いで、私はそれらの一つひとつを試してみました。それが回り道になってしまい、私は豊かさを受け取るまでに3年以上もかかってしまいました。

このたびは、私のブログの読者でもありました光文社の森岡編集長からのお声がけにより、一冊の本を書かせていただくことになりました。この本に載っていることは、私自身が身をもって実践して効果のあったものばかりです。

本書を手に取っていただいた方には、私のように雑多な情報に振り回されて回り道をしてほしくありません。心から素晴らしいと思える人生をあっという間に創造してほしい。そのために、この本を活用してほしいと願っています。

順風満帆《じゅんぷうまんぱん》な人生を過ごしている方も、漠然とした不安を抱えている方も、今まさに暗闇の真っ只中にいるという方も、そして、引き寄せ難民・スピリチュアル難民という方も、是非、本書をお読みいただいて、穏やかな豊かさを受けとってください。
そうすれば、誰かに刷り込まれた他人の人生を生きるのではなく、自分の心（魂）が決めた自分だけのオリジナルな人生を創造していけると確信しています。

大丈夫。楽しんで！

目次

第1章

なぜ私が、「引き寄せ社長」になったのか？……19

転落期

迷走期

第2章 エゴは脇役、心が主役

第4章

社長おすすめ これをやったらうまくいった！……179

ブックデザイン／デジカル
取材・構成／野口久美子
本文図版／近代美術

第1章

なぜ私が、「引き寄せ社長」になったのか?

イケイケ期

体育会系トップ営業マンとしてスタートした社会人生活

スピリチュアル好きというと、もの静かで色白&細身、文化系の草食男子、のようなイメージがあるかもしれませんが……。**私は、高校1年〜大学4年までアメリカン・フットボールをしていたバリバリの体育会系。**今でもおやじチームでフラグフットボールを楽しんでおり、それに見合ったガタイをしています。

もちろん、学生時代の私は「スピリチュアル好きな体育会系」ではなく、ただの体育会系。目標に向かって突き進むのは素晴らしいことだ！　努力と根性さえあればなんでもできる！　と心の底から信じていました。

こんな私は順調に大学を卒業し、コンサルティング系の企業に就職しました。日本経済が絶好調！　とは言えなくても、まだまだバブルの残り香のあった時代です。体力があり、体も声も大きい体育会系男の配属先と言えば、営業しかない。そして……

というか、やはりというか、営業の仕事は私に合っていたようです。入社した初年度、100人以上いた同期の中で、私はトップクラスの営業成績をおさめました。

入社3年目で社内最年少のマネジャーに

入社３年目。これまでの実績を認められ、私は社内で最年少のマネジャーになりました。私の下にはふたりの部下がつき、「よし、３人で頑張ろう！」と、私はますます張りきりました。

ところが、です。その年の売上は、３人分合わせても、前年度の私ひとりの売上に届かなかったのです。

数字を上げられない部下を見て、私がどう思ったか？

もちろん、こう思いました。「こいつらは、努力が足りないんだ！」

今考えると、本当に傲慢《ごうまん》です。でも当時の私は、**「頑張れば、それに見合う成果が出る」と本気で信じていました**。だから、「営業成績がよくない＝頑張りが足りない」という発想しかなかったわけです。

きみたちは努力が足りない。もっと頑張れ。

私は、部下に厳しく発破《はっぱ》をかけました。上には従順だけれど下には厳しい体育会系の世界に染まっていた私です。厳しく指導すれば、くやしさをバネにしてもっと頑張るはずだ、と思ったのです。でも、その結果……。

「すみません。1週間ほど休ませてください」

なんと、部下のひとりが、軽い出社拒否のような状態になってしまったのです。

1年でマネジャーを解任され、再びトップ営業マンに

追いつめられた部下の姿を見て、私は初めて「このままじゃ、いかん！」と思いました。もしかしたら、私がずっと信じてきた「練習すればうまくなる」というような考え方は、仕事には当てはまらないのかもしれない。ただひたすら頑張ることを「つらい」と感じる人もいるのかもしれない……。

マネジャーとしての在り方に悩んだ私は、マネジメントや自己啓発系の本を読みあさりました。役に立つと思った本は、部下にも読ませました。それだけでは飽き足ら

ず、本から学んだことをもとに自分が考えた「成功のためのルール」をノートに書き出し、毎朝３人で読み上げてみたりもしました。

でも、私と部下の頑張りも空しく、私たちのチームは結果を出すことができませんでした。私は約1年であっさりマネジャーを解任され、在任期間の社内最短記録を塗りかえることになりました。

その後は一営業マンに戻ったのですが、そうなると営業成績はどんどん伸びて、再びトップクラスに。私は、プレイヤーとしては優秀だけれどマネジメントする側としては今ひとつ、ということを証明してしまう結果になりました。自分ひとりならいくらでも頑張れるし、それが成果につながります。でも、「頑張る」以外の方法を見つけられなかったため、部下に成果を出させることができなかったのです。

「努力する」だけではどうにもならないことがある……のかもしれない。

20代半ばになって初めて、私はこんな当たり前のことにぼんやりと気づきました。マネジャーとしてつまずいたときに読んだたくさんの本から、さまざまな新しい考え方も学びました。でもまだ私は、成功するために必要なのは「方法論」や「ルール」であり、それを実践するうえで「努力と根性」も必須！　と思っていたのです。

イケイケ期

勤務先が子会社を設立。取締役として新会社へ

入社3年目にマネジャーを解任されてから、私は働き方を大きく変えました。

当時勤務していた会社は、営業職は完全フレックス制。でも、今とはまったく時代が違います。「時間を有効に使って家庭や趣味にも目を向け、ワーク・ライフ・バランスをとる」なんてことを考える社員はおらず、営業部のほぼ全員が朝から晩まで仕事をしていました。

そんな環境に違和感を覚えることもなく、私も少しでも成績を上げようと、人一倍ガツガツ働いていました。朝早く出社し、会社を出るのはいつも終電間際。もっと頑張ろう。もっと売ろう。もっと認められよう。頭の中は、いつも仕事のことでいっぱいで、それが当然だと思っていました。

入社初年度から、営業成績は優秀でした。マネジャーに昇進してからだって、まあ、

すぐに結果を出すことはできなかったけれど、慣れない管理業務に必死で取り組んできた。それなのに……。たった1年で見切りをつけられるなんて！

それまでずっと、「努力する↓結果を出す↓認められる」というルートを歩んできた私にとって、初めての大きな挫折《ざせつ》と言えるものだったかもしれません。短期間での降格は、不本意なものでした。

本来なら力不足を認め、「また一から頑張ろう」「自分に合ったポジションで力を発揮しよう」などと気持ちを切りかえるべきなのでしょう。でもそんな殊勝《しゅしょう》なこと、これっぽっちも思えなかったですし、むしろ、**自分の能力を評価してくれない会社への反発心がふくらんでいったのです。**

もっと評価されたい！　と、くすぶっていた数年間

降格されてからの私は、毎日18時に退社するようになりました。

これまでの働きすぎを見直してプライベートを充実させるため……などではありません。**「朝から晩まで長時間働かなくても、人並み以上の結果を出せるオレ」**を見せ

つけるためです。

実際、自分なりに効率のよい働き方を工夫してみると、18時に仕事を終えてもトップクラスの成績を出し続けることができました。

でも、それで満足できたか？　と言えば、そんなことはありませんでした。

メリハリのある働き方をして、優れた成果を出すことができる自分は、会社にとって理想の社員であるはず。もっと言えば、ダラダラ仕事をしてそこそこの売上しか上げられない社員より能力が高いことだって明らかです。

だから……。

だからこんなにデキるオレをほめろよ！　正当に評価しろよ！

当時の私はずっと、こんな風に思っていました。でも会社側はなかなか認めてくれず、私は長い間、一営業マンのままでした。

今になれば、理由がわかります。たとえ営業成績が優秀だったとしても、周りと歩調を合わせようとせず、上司のコントロールもきかない社員なんて、組織の中ではとんでもなく扱いにくい。自分では「デキる男」のつもりでしたが、会社にとっては「困ったヤツ」だったのでしょう。

昇進してやる気がアップ！　新会社の取締役に抜擢される

ほめられず、評価されずにやさぐれていた私ですが、入社９年目、やっとマネジャーに返り咲きます。そして今度は、チームとしても成果を上げることができました。ただしその理由は、私が自分のやり方を見直し、部下を上手に育てられるようになったからではありません。**「努力と根性」に「経験とテクニック」が加わったことで、部下の分まで私が売り上げることができるようになっていたからです。**

努力と能力が認められた、いや「認めさせた」ことで私はやっと満足し、毎日イキイキと働くようになりました。当時の私にとって「周りからの評価」は、仕事への思いを根本から変えてしまうほどの意味があったわけです。あらためて仕事にやりがいを感じるようになると同時に、私に対する会社の評価も上がっていったようです。

入社10年目、私が勤務していた会社が子会社を設立しました。その際、親会社から４人の中堅社員が、新会社の取締役として移籍しました。私はそのひとりに選ばれ、営業を統括する立場で新しい仕事を始めることになったのです。

イケイケ期

方向性の不一致から退社。独立して新会社を設立することに

取締役のひとりとしてスタートした新会社は、順調に成長していきました。設立から3年後には「東証マザーズ」に上場。上場の前後、私は財務担当の役員をしていましたが、上場後にはもっとも得意な分野である営業を統括する立場に戻りました。

さらに成長を……とだれもが思っていました。社長の発案で新しい事業にも着手しました。でもその頃から、取締役同士の関係がなんとなくぎくしゃくしはじめたのです。そしていつの間にか「西山VS.社長を含む3人」のような構図ができあがり、私は孤立させられてしまいました。

1対3の対立では、ひとりの側に勝ち目はほとんどありません。ある日いきなり、営業部長である私のところに、「新しい営業部長」がやってきました。**つまり社長派の3人は、会社の成長に貢献してきた私を営業部から追い出したのです。**

私は閑職《かんしょく》に追いやられ、日々、悶々《もんもん》としていました。「頑張りたいのに頑張れない」環境は、とてもつらいものでした。おそらくストレスのせいでしょう。私は体調をくずし、低体温症を発症してしまいました。病院にも行きましたが、いろいろな検査をしても原因はわかりませんでした。

体のことや今後のことを考え、私は退社を決意しました。上場してから、わずか1年ほど後の年末のことでした。

部下たちとの忘年会でおだてられ……

退社を決めたとき、私は勉強して資格を取得するつもりでした。司法書士がいいかな、と思い、参考書を買ってみたりもしていたのです。

その頃、私は毎年、仕事仲間と忘年会をしていました。その年も社内の気の合う部下や、転職していった元部下たちが集まりました。

私が退社することは皆すでに知っており、おそらくその理由にも気づいていたでしょう。その私と飲みに来るわけですから、参加者は会社に対する不満を抱えていたり、私に同情的だったりする人が多いわけです。そのせいか、お酒が入ると話が想定外の方向に盛り上がっていきました。

うちの会社はさ、西山さんのおかげで大きくなったんだよな。

絶対に、西山さんのほうが正しいよ。

他の役員は、なんでそんなこともわからないんだよ。

部下たちの言葉に、私も心の中で「そうだそうだ！」とうなずきます。

西山さん、会社つくっちゃいましょうよ。

そうですよ。オレ、今の会社辞めて西山さんについていきます！

久しぶりにほめられ、もち上げられるうちに、司法書士の魅力はどんどん薄れていきました。

起業のモチベーションは、自分を追い出した会社を見返すこと

会社が上場するということは、会社の株の価値が大幅に上がるということです。私はもちろん、取締役としてそれなりの株をもっていました。そして退社に伴い、その

株をすべて売却していました。当時はまだ「ライブドア・ショック（ライブドア事件による市場の混乱と株価の暴落）」の前で、会社の業績もよかったため、私の手元には株の売却分だけで1億円弱の現金があったのです。

そんな状況で、自分を慕《した》ってくれる仲間から「会社をつくってください」「ついていきます」なんて言われたら……。こんな誘惑に逆らえる人なんて、いるでしょうか？　私にはもちろん、無理でした。

忘年会の席で、気がつくと私はこう口走っていました。

そうだな。いっちょやってやるか！

自分には、仕事の実績も経験もある。実務だけでなく経営の能力があることも、これまでの経歴が証明している。目の前には、やる気にあふれ、自分を信頼してくれる仲間たちもいる。

それに……資金だって十分にある！

司法書士よ、さようなら。私はその場で、起業を決めました。

会社をつくって大きくしてやる。必ず上場して、前の会社を見返してやる。頑張れば絶対にできる！　よーし、キミたち、ついてこい。金ならあるぞ！

転落期

起業したけれど仕事がない！通帳からお金が消えていく……

２００６年２月、私は会社を設立しました。創業メンバーは、私を含めて５人。都心にあるピカピカのインテリジェントビルにオフィスを構えました。

会社設立にあたり、私が最初にしたのが、経営理念を定めることでした。

１　社会貢献の喜び

・自分の価値観に誠実に生きる。

・だれが正しいかではなく、何が正しいかを常に考える。

・株主・顧客・上司・部下とフェアな関係を保つ。

２　自己実現の喜び

・組織への貢献に焦点を当てる。

・日々成長をし続ける。

・オープンな情報共有。
・一瞬一瞬が最大パフォーマンス。
・毎日が新しい。
・仕事もプライベートも100％実現。

3　日々充実の喜び

――素晴らしい理念です。実現することができれば、ですが。

前職でそれなりの役職についていた私には、かなりの人脈があります。これまでにお付き合いのあった方々に会社設立の挨拶状やメールを送っていたので、事務所開きの際には、お祝いの胡蝶蘭《こちょうらん》が20鉢以上、ブワーッと並びました。

会社はつくったけれど、「何をするか」を決めていなかった

場所も、人も、確保した。さて、やるか。いよいよスタートを切ろうとしたとき、私は大変なことに気づきました。

仕事が、ない……。

私は周りにもち上げられ、前の会社を見返してやるという思いと、立派な経営理念だけで会社をつくってしまいました。頑張って会社を大きくしよう、という思いは本物です。私も社員も、会社を上場させることを目標にしていたのですから。**でも、肝心の「何をするか」を、きちんと考えていなかった！**

とりあえず、これまでの人脈を活かせる仕事を……と思い、人材紹介業と人材派遣業の免許をとりました。そして営業を始めたのですが、ぜんぜん成果が上がりません。結局、新会社の初受注は、以前から私とお付き合いのある会社が声をかけてくれた、人材紹介でも人材派遣でもない業務でした。

売上がなくても、社員の給料や社会保険料、事務所の家賃などは支払わなければなりません。取締役だったとはいえ、前職は親会社が設立したものだったため、「会社のお金」と「私のお金」の間には明確に線が引かれていました。会社から支払うお金は「会社のお金」であり、私の財布が痛むことは一切ありません。

でも今の会社の場合、資本金はもともと私のお金です。もちろん会社と個人の口座は別ですが、元をただせば、会社の支出＝私の支出。備品のパソコンを1台買うだけでも、その分のお金が減っていく！ **「え？ またお金が出ていくの？」というリア**

ルな怖さがありました。

売上が上がらず、支出ばかりがふくらむ

私も社員も頑張りましたが、売上が限りなくゼロに近い月が続きました。資本金の３０００万円はすぐに底をつきました。そこから先は「会社にお金を貸す」かたちで、私個人のお金をつぎ込むしかありません。

会社を維持するためには、毎月８００万円近い経費がかかります。１年目には、約７０００万円の赤字を出してしまいました。

資金は着実に目減りしていき、会社設立直後から感じていた不安が、私の中で少しずつふくらんでいきました。

やっぱり、何をするかも決めずに会社をつくったのはマズかったんじゃ……？

このままでは上場どころか、あっという間に会社が立ち行かなくなってしまいます。

それでも私は新卒社員を採用し、社員にボーナスも支給しました。**今は苦しいけれど、頑張れば必ず乗り越えられる！　と信じていたからです。**

転落期

新規事業に着手。経費がかさんで赤字がふくらむ

しばらく仕事がない時期が続いた後、やっと明るい兆《きざ》しが見えてきました。仕事で知り合ったAさんの会社と共同で、フリーペーパーを立ち上げる新規事業が動きはじめたのです。

当時は、フリーペーパーという媒体が注目されはじめた頃。さまざまなテーマや規模のものが、次々に創刊されていました。

私たちが選んだテーマは、バスケットボール。日本プロバスケットボールリーグ（bjリーグ）が設立された時期とも重なっており、これからますます注目度が高まるはずだ！　という読みでした。学生から社会人チームまで幅広く取り上げ、学校やスポーツショップなども巻き込むことで、かなりの読者数も見込めます。

無料で配布する媒体ですから、収入源となるのは広告です。Aさんの会社は、制作

は得意だけれど、広告を集めるルートがない。そして私の会社は、広告営業はできるけれど、制作のノウハウがない。

つまり私とＡさんの会社が組むことで、お互いの強みを活かし、弱みを補うことができるわけです。これはイケる！　私は張りきって準備にとりかかりました。

ひと月あたり1000万円の制作費が必要に

創刊の準備は順調に進んでいたのですが、途中、意外なつまずきがありました。企画から一緒に仕事を進めてきたＡさんが、途中で降りてしまったのです。

フリーペーパーはＡ４判で32ページの月刊誌。発行部数は10万部です。企画を立て、取材をし、撮影、原稿作成、デザイン、校正……。どう考えても、雑誌をつくったこともない私たちの手には余る仕事です。

でも私は、あきらめませんでした。Ａさんが降りるなら、私がひとりでやればいい。そう思って、勢いにまかせて突き進んでいったのです。

社内での制作は不可能なので、人から紹介してもらったフリーランスのスタッフに記事の制作を外注しました。当然、それなりの経費がかかります。さらに印刷代や、できあがった冊子を読者に送るための郵送費なども合わせると、1号あたり1000万円以上の経費が必要でした。

創刊号は広告が1本も入らなかったので、制作費はすべてもち出し。でも社員の頑張りもあり、広告を出してくれる企業が少しずつ増えていきました。

売上が上がれば、会社の資金繰りも楽になりそうなものです。が、私の場合は、そんなことはありませんでした。フリーペーパーを足がかりにしてさらに仕事を広げようと、イベントを開催したり、ガラケー用のゲームを配信したり……。もっともっと、と先を見てばかりいたので、売上はアップしても資金不足のまま、という事態に陥《おちい》っていたのです。

今はまだ苦しいけれど、自分たちには優れた営業力がある。頑張って広告主を増やしていけば、どんどん利益を上げられる。そして会社を黒字化し、……上場できる！

起業してからしばらく、仕事がない苦しさを味わったにもかかわらず、**私はまだ「上場して前の会社を見返す」「以前の仲間に自分の力を認めさせる」ことをモチベーションに、仕事をしていたのです。**

売上が上がっても社員の給料は遅配

売上が上がっても、会社にお金がない。２年目にも、８７００万円ほどの赤字を出してしまいました。

設立１年目の年末には銀行融資を受け、翌年はベンチャーキャピタル（上場が見込める会社に出資する投資会社）から出資を受けました。それでも資金不足は解消できず、３年目の夏には給料の遅配《ちはい》が始まりました。創業メンバーだった役員や社員も、少しずつ辞めていきました。

もちろん、私も社長として努力しました。自分の給料が出ないのはもちろん、通勤手段だって、創業時のタクシーから電車、さらにバスへ。**もちろん健康管理のためではなく、わずかな交通費を節約するためです。**

どうすれば業績を上向けることができるのだろう？

私は、マネジメント系のビジネス書や、自己啓発の本などを読みあさりました。でもこの時期の私が求めていたのは、成功するための「正解」や「ノウハウ」でした。

転落期

リーマン・ショックの余波で2億4000万円もの赤字に

フリーペーパーの仕事を始めてから2年が過ぎた頃、やっと月々の制作費をまかなえるだけの広告収入を得られるようになりました。利益はわずかですが、事業が黒字化したことで私はひと安心しました。

苦しかったけれど、頑張り続けてよかった。

よし、これからどんどん盛り返そう。

そう思ったときです。**2008年9月、「リーマン・ショック」に見舞われたのです……。**

世界的な金融危機は、もちろん私の小さな会社にも大打撃を与えました。不況に陥ったとき、企業はまず何をするか？　答えは、経費削減。それも、大きな効果が望めない広告宣伝費を削ります。

そんなわけで、私たちのフリーペーパーに掲載される広告は、一気に10分の1程度まで減ってしまいました。当時の状況では、どんなに必死に営業しても、新規の広告主開拓が難しいのは明らか。フリーペーパーは「休刊」という名の廃刊をするしかありませんでした。

小さな希望が見えてきたと思ったとたん、私はどん底に突き落とされました。**フリーペーパー事業を中心に、創業から約３年で出した損失は、２億４０００万円ほどに上っていました。**

月末が近づくと映画館へ逃避

給料の遅配は続き、もっとも多いときには13人いた社員も、その頃には私を含めて4人になっていました。給料が払えないぐらいですから、もちろん社会保険料も滞納。今となっては広すぎる事務所の家賃も、３か月滞納していました。

フリーペーパーの廃刊を機に、家賃が約10分の1の雑居ビルに事務所を移転しました。お金がないので軽トラをレンタルし、引っ越しもすべて社員だけで行ないました。

これまでのインテリジェントビルにはエレベータが3基あったのですが、新しいビルは階段のみ。**荷物をかついで3階まで何十回も往復しながら、落ちぶれたなあ……とため息をついたものです。**

メインの業務だったフリーペーパーの仕事がなくなって落ち込んでいたとき、わずかな救いを与えてくれたのは創業時からのメンバーのひとりでした。彼は会社全体がフリーペーパーの広告営業に力を入れている間も、それまでお付き合いのあった会社の営業代行をコツコツ続けていたのです。今できる仕事はこれだ！　ということで、私たちの会社は営業代行の業務に移行することにしました。

移行する、とはいっても、最初からうまくいくはずはありません。売上はそれほど上がらず、借金だけが順調に増えていく日々が続きました。

仕事上の支払いは月末が多いのですが、毎月20日頃を過ぎると落ち着いていられない。そんなとき、私がどうしていたかと言えば、現実逃避をしていました。

ビジネスバッグに安い発泡酒とストロング系の「缶チューハイ」をしのばせて、昼間から映画館へ。もちろん、映画の内容なんて頭に入りません。**お酒をひっかけて眠り込み、周りから「いびきがうるさい！」と怒られたり。**とことん、ダメな社長でした。

スピリチュアル系の本に少しだけ興味を覚える

私は若い頃から、仕事で行きづまると本に救いを求めていました。あるとき、いつものようにビジネス関連書を物色していたのですが、ふと隣の書棚に並ぶ本のタイトルが気になりました。

「宇宙」がどうした、「輪廻《りんね》」がどうした……。数冊手にとってみましたが、正直な感想は、なんだこりゃ？

その日は結局、「マーケティング」「経営管理」といったおなじみの本を買った記憶があります。でもこの頃にはもう、私を長年支えてきた「頑張れば必ず成功する」「努力は報われる」という信念はぐらつきはじめていたのかもしれません。

頑張っても頑張っても、報われない。

会社の維持にかかるお金に売上が追いつかないし、社員も辞めていってしまう。月末には毎月、あちこちに謝罪と言いわけをしなければならない。**親戚や友人からの借金が増えていくペースに、私の心は、そろそろついていけなくなってきていました。**

転落期

一瞬のプチバブルから、東日本大震災。最後の社員も退社

当時、私の会社のエースは、フリーペーパーに力を入れていた時期もコツコツと営業代行を続けていた社員のKくんでした。営業代行の仕事はうまくいきはじめ、フリーペーパーの制作にかかった印刷代なども少しずつ清算していくことができました。

そんなとき、Kくんから「独立したい」という相談を受けました。先行きが不透明な会社にいるより、自分の力で稼ぎたい。おそらくKくんは、そんな気持ちだったのでしょう。創業から一緒にやってきたKくんと別れるのは残念でしたが、彼が担当する得意先とも話し合った結果、Kくんは私の会社から得意先へ「移籍」というかたちで転職することになりました。

移籍ということは……。Kくんを放出する私の会社に「移籍金」のような意味合いのお金が入るということです。Kくんの移籍先は数十件分の契約料にあたる金額を支

払ってくれたうえ、私の会社とコンサルティング契約まで結んでくれました。

営業代行の仕事は、原則として出来高制です。契約がとれればそれなりの売上が上がるけれど、契約がとれなければ売上はゼロ。でも、コンサルティング契約があれば、月々の定期収入を確保することができます。

ああ、これでなんとか生きていける。やっと、まともな生活ができる。

会社設立以来、初めての「プチバブル」に浮かれ、私は残った社員の給料をアップしました。これまでずっと我慢ばかりさせてごめん！　というつもりでしたが……。

今考えると、社長として「いいカッコ」をしたかっただけかもしれません。

再び壁にぶつかり、スピリチュアルへの興味がふくらむ

「人生楽あれば苦あり」とはよく言ったもので、やっとつかんだ私の「楽」は、あっという間に手からすり抜けていき、また「苦」の時代に突入しました。**Kくんの退社から1年たつかたたないかという時期に、東日本大震災が起こったのです。**

震災に伴う混乱の影響で、Kくんが移籍していった会社からコンサルティング契約

の解除を言い渡されました。さらにその後、営業代行も打ち切られてしまったのです。

仕事が、ない、アゲイン。

数か月前、気が大きくなって社員の給料をホイホイ上げてしまったことを、私は心から後悔しました。こうして再び、会社の負債は着々と増えていくようになりました。

テレビがアナログからデジタル放送に切りかわったけれど、自宅のテレビを買いかえることもできない。**アナログ放送が終わった瞬間、「ピー」という音とともに真っ青になった画面を、今でも覚えています。**結局このときは、「息子のためにテレビを買いなさい！」とおじが援助してくれましたが。

この頃から私は、スピリチュアルに興味を覚えはじめました。気になった本は片っ端から、むさぼるように読みました。ただ、まだ「引き寄せ」に注目していたわけではなく、「何かにすがりたい」という思いがあるだけでした。

トイレ掃除が金運アップにつながると聞けば、毎日トイレを磨《みが》きました。自宅だけでは飽き足らず、**社員が仕事をしているときに会社のトイレ掃除をしたり、窓をピカピカに磨いたり。**感謝が大切！ と一日中、「ありがとうありがとうありがとう」と呪文のように唱えていたこともありました。

出勤前には神社にお参り。月に一度は墓参りに

仕事もスピリチュアルも必死で頑張りましたが、業績は伸びませんでした。安定した収入と言えば、前職からお付き合いが続いている会社とのコンサルティング契約ぐらい。でも月々数十万円の売上では、とても会社を維持していくことはできません。

残っていた最後の社員とはよく話し合い、成功報酬を支払うかたちの業務委託社員になってもらいました。こうして私の会社は、現在の３人体制になりました。

社長で営業の私と、経理担当の叔母。そしてアポ取り要員の妻。

身内だけになったことで、社員の給料や社会保険料の支払いからは解放されましたが、相変わらず売上は上がらず、私は大きな負債を抱えたままでした。

出勤前には、毎日神社にお参りしました。毎月、お墓参りもしました。**精神的に追いつめられ、お墓の前で缶ビール、いや発泡酒を飲みながら泣いたこともあります。**

私はもう、自分の力ではどうにもならないと感じていました。でも、神様やご先祖さまにすがっても、事態が好転することはありませんでした。

迷走期

スピリチュアルにすがって過ごした「ニセ穏やか期」

スピリチュアルに興味をもちはじめた私は、関連書籍やブログを読みまくりました。そして、少しでもピンと来たものは実践するようになりました。

必死で頑張ってもうまくいかず、少し上向いたと思うと、リーマン・ショックやら東日本大震災やらが起こってつぶされる。努力と根性、やる気と気合い。子どもの頃から「頑張ればできる」と信じてきたけれど、それはたぶん……ウソだ。

自分が思いつくことはやったし、できる限りの努力もしました。**もう打つ手がなくなった私が最後に頼ったのが、スピリチュアルだったのです。**

スピリチュアルを実践し、「穏やかな人」になったつもりに

でも、もともとは体育会系です。何百冊も本を読んでスピリチュアルの知識を詰め込んでも、心がなかなかついてきませんでした。

努力して目標を達成するクセが抜けず、最初のうちは、スピリチュアルを「頑張って」いました。よい気分になるために頑張り、心にもない感謝をし、ネガティブな感情を押さえ込んで笑顔を浮かべる。2015年から始めたブログを読み返すと、突っ込みどころ満載です。でも、そのときの私は真剣でした！

おまけに知識が先行していたので、やや頭でっかちでもありました。やってみて、少しでも効果が感じられれば「わかった」と思ってしまう。もっと言えば、納得したいために無理やり効果を感じようとしていたことだってあったような……。

とくに最初の頃は、「○○をすればうまくいく」のような「法則」を求めていました。何をやってもうまくいかないのが苦しくて、自分以外のだれかに正解を示してほしかったのかもしれません。

スピリチュアルに興味をもちはじめてから6～7年間は、私の「迷走期」です。あれこれ試し、会社の業績は上がったり下がったり。でも自分では「上向いている」と信じたくて、「穏やかな心を手に入れた人」を演じている部分がありました。

迷走期

返済に130年かかる負債を抱えて引き寄せのブログがスタート

私の会社の負債は、最大で2億4000万円ほど。その他に、銀行から3000万〜4000万円のお金を借りていましたし、私個人としても、親族や友人に4000万円ほどの借金をしていました。

さらに、ベンチャーキャピタルから8500万円の出資を受けていました。上場できなかった場合は自社の株式を買い戻す契約になっていたため、そのプレッシャーもかなりのものでした。

クレジットカードを何枚ももち、A社から借りたお金でB社の借金を返し、C社から借りたお金で社員の給料を払う、なんて無茶なことをしていました。**当時、すべての負債を返済し終えるには、普通のペースだと130年かかると言われていました。**

資金繰りが本当に苦しくなったとき、仕事で成功している友人に借金を申し込んだことがあります。そのとき、自己破産をすすめられました。

破産するならその後の再建費用は貸す。でも、今のおまえにお金を貸しても、全額、今月の支払いに回すだけだろ。

彼の言うことは、もっともです。立場が逆だったら、私だって同じことを言ったかもしれない。でも同時に、「自己破産は、ないな」とも思いました。友人に反発したわけでも、見栄を張ったわけでもありません。ただ単に、**「破産することは自分のストーリーとは違うな」と感じたのです。**

すべてをやりつくして、「引き寄せ」にすがる

相変わらず借金を抱えたまま、2015年3月19日、私は『引き寄せ　会社社長のブログ』を始めました。もうお金を借りる先もなくなり、私は「プチ絶望」に陥っていました。

子どもの頃から信じてきた「努力すれば願いは叶う」という考え方を全否定され、その反動で、私の気持ちはこれまでと正反対の方向に振り切れていました。

努力なんかしてもムダ。気合いや根性なんてくだらない。計画も目標も無意味だぜ。だって私はここ数年、苦しみながらも、できることはすべてやってきたのです。復活するために残っている手段はもう……「引き寄せ」ぐらいしかない！

すでに数百冊の本を読んでいたので、スピリチュアルの基本は頭に入っています。これまではどちらかというと「死」や「輪廻《りんね》」といったテーマに興味を覚えていましたが、もちろん引き寄せに関する知識もありました。

これでダメなら、もうおしまいだ。そんな気分で私は、「最後の砦《とりで》」である引き寄せの実験を始めたのです。

引き寄せの「実験」を記録したブログを開始

ブログを始めた日のことは、今でも覚えています。努力もアポ取りもしないぞ！と決めていた時期だったため、私は時間をもてあましていました。そしてなんとなくパソコンを開き、「引き寄せ」で検索をかけてみたのです。

すると、出てくる出てくる！　思った以上にたくさんの記事がヒットしました。それを読んでいくうちに、ふと思ったのです。

自分も、やってみるか。いろいろな引き寄せを、実際に試してみよう。そして成功も失敗も、すべて記録に残してみよう。

それまでも会社のブログを書いていたし、文章を書いて公開することに抵抗はありませんでした。おまけにヒマだったので、会社で毎日、1時間ほどかけてブログを書くのが日課になりました。読者とのやりとりは楽しく、励みにもなりました。私はますます大量の本やブログを読み、ピンと来たことはすぐに試すようになりました。

今あるものに感謝。

無理やり大笑いして気分をアゲる。

「今日のラッキー」を探す。

「初心者」だったため、どれもやや無理やり感がありますが……。でもそのときの私は藁《わら》にもすがる思いでした。**一時は、自分にとって意味があったりゾロ目だったりする「ラッキーナンバー」を求めて常にキョロキョロしながら歩き、家に置く時計までデジタル式にしていました。**

迷走期

会社存続の危機！……をなんとか乗りきる

ブログを始めて半年ほどたった頃、会社設立以来、最大のピンチが訪れました。**個人的にお金を借りている方から、厳しい支払いの請求が来たのです。**

その方とはお付き合いも長く、信頼関係も築けていました。これまでも毎月、私からの現状説明とおわびを受け入れ、返済を待ってくださっていました。でも突然、期日を切って返済を求め、返済できない場合は法的手段も辞さない、とまで……。

その原因をつくったのは、私です。当時の私には、見栄《みえ》を張りたい気持ちがたっぷり残っていました。多少事情を知っている友人にも見下されたくないし、仕事上の知人にも、「仕事がなくて悩んでいる」「資金繰りに困っている」などと思われたくない。とくに取引先に対しては、ちょっと余裕のある「デキる社長」風のイメージを保ったほうが、仕事にもつながるはずだ！　などと思っていました。

だからあえて、ＳＮＳには「息子と〇〇へ遊びに行きました！」なんて楽しげな投稿をしていました。実際には、支払いの恐怖から逃れるために発泡酒をもって映画館に逃げ込む日々だったのですが……。自分としては、「精神的な余裕を失っていないオレ」をアピールしたつもりでしたが、逆効果だったようです。

お金を貸した側にしてみれば、のんきに遊んでいる私が腹立たしかったのでしょう。**「遊んでるヒマがあるなら、すぐに金返せ！」ということになってしまったわけです。**

大金の返済を迫られ、引き寄せを実践してみる

返済日までの期間が短いし、借りていた金額も大きい。私は本当に焦りました。銀行預金はない、入金予定もない、成約見込み案件もない。以前だったら、考える前に体が動き、金策に走り回ったと思います。でもこのときは、引き寄せを信じてみよう、という気持ちがありました。

少しでもよい気分でいることを心がけ、瞑想をしたり、タッピング（ツボを指先で軽くたたいてネガティブな感情を解放するセラピー）をしたり……。そうこうするう

ちに、先輩に紹介してもらったある方から資金の提供を受けられることになり、なんとか会社を存続させることができました。

当時のブログを読み返すと、私はピンチに動じず、落ち着き払って瞑想などをしているうちに、自然にトラブルが解決したかのようです。でも実際は……。

「瞑想中にひらめいたアイデアを実行したことで問題が解決」などと書いてあるとなんだかカッコイイ。**でもその「アイデア」は「話を聞いてもらうために貸主《かしぬし》の会社の入口に張りついて、貸主が出社してくるのを待ちつづけた」のように泥臭いことだったりします。**

このときは、張りついたことで解決につながるご縁が生まれているので、結果的にはよい方法を選んでいたと言えます。でも当時の私は、引き寄せに今ほどの確信をもっていたわけではないので、とても怖かったし、とにかく必死でした。

そのくせ、ブログでは「いいカッコ」をしている。「失敗も成功もブログで公表する」と言っているくせに、ジタバタ&あたふたしている自分はしっかり隠しているのですから。**「引き寄せの法則で、大ピンチも穏やかに乗りきれるようになった男」に見せようとしていたのです。**

引き寄せに「正解」を求めて頑張っていた

大きな危機を乗り越えたことで引き寄せに関する信頼感は深まりましたが、会社の状況は相変わらずでした。少し上向いたり、また下がってみたり……。私は、引き寄せにつながりそうなことを、手あたり次第に試していました。

でも私は、「自分の不足を見つけてそれを埋める努力をする」ことが習慣になっていました。よいアメフト選手になるためには、自分に何が足りないんだろう？　成績を上げるために克服するべき苦手科目はなんだろう？　子どもの頃から刷り込まれたこうした考え方を手放すのは、簡単なことではありません。

引き寄せに関しても、同様のとらえ方をしていました。たとえば、引き寄せの法則で会社存続の危機を乗りきれると、「引き寄せってすごい！」と思います。

では、同じことをしてうまくいかなかったとしたら？　「引き寄せのための頑張りが足りないから、うまくいかなかったんだ！」と思ってしまう。**この時点ではまだ、私にとっての引き寄せは「頑張ること」であり、「正解のある法則」だったのです。**

迷走期

感情をコントロールしよう！　と頑張りながら引き寄せを続ける

　支払い期日が近づくと映画館に逃げ込んで現実逃避し、月末をやり過ごすと、ホッとひと息。「神様ありがとうございました！」なんて感謝しながら翌月を迎え、家族と景気よく外食（ただし、ラーメン屋さん）をしながら、「よし、今月は頑張るぞ！」と気合いを入れる。

　でも、よい気分で過ごせるのなんて、せいぜい毎月10日頃までです。月の半ばあたりからは支払いのことが気になり、どんよりした気持ちになってくる。外でいい顔をしたり頭を下げたりしている分、イライラして妻とのけんかも増えていきます。

　引き寄せのためには、「よい気分」で過ごすことが大切です。でも当時の私は、「よい気分でいること」を表面的にとらえていたため、自分の感情を都合よくコントロールしようとしていました。月末が怖い、と感じてしまう自分をなんとかごまかし、平常心を保とうとしていたのです。

思考のクセをなくす方法を探し求めていた

感情をコントロールするために、私はさまざまなことを試しました。

たとえば、マイナスの感情を抑え、プラスの感情を増幅させること。満員電車で押されても、反射的に「チッ！」と思ってはいけない。「私を押した人も、たぶんその後ろの人に押されたんだろう。しかたがないな」と理屈をつけて腹立ちをしずめます。反対に、「ご近所さんからちょっとしたお裾分《すそわ》けをいただいた」程度のことでも、「わーい、ありがとうございます！　超うれしいです」と大げさなリアクションをして、喜びをより大きなものにする。

幸せを見るクセをつける。元気な動作と前向きな言葉で気分をアゲる。今日の楽しいことを探す。どれも、「よい気分」でいようと自分なりに工夫してみたことです。

ネガティブな感情が起こるのは、自分の「思考のクセ」のせい。そのクセを矯正《きょうせい》すれば、いつもよい気分でいられるはずだ……。私は、そんな風に考えていたのです。

たしかに、大げさに喜ぶことにはプラスの効果がありました。取引先の方にランチに誘われたとき、「やったー！　ありがとうございます！　先日連れていっていただいたお店がとてもおいしかったので、今日も楽しみです！」と言ってみたところ、いつもよりお高めの店に連れていってくれた、なんてこともありましたから。

でも、喜びを大げさに表現しても、元気を出すためにこぶしを突き上げてみても、ピークは一瞬。**無理やり上げた分は確実に下がり、抑圧した分は爆発します。**ブログには、「気分をアゲてから支払いを待っていただく電話をしたら、うまくいった」「よい気分を選択して自然体で」などとカッコよく書いていますが、実際は……。

不自然な笑顔で「バンザーイ！」などと大声を出し、その勢いで電話。でも1件終わると、深〜いため息をつき、次の電話を先延ばしするためにお茶をすする。**「よい気分を選択」などと言っておきながら、小さなミスを指摘してきた銀行からの電話をガチャ切りし、「バカヤロー！」と叫ぶ。**こんなことの繰り返しでした。

モヤモヤした気持ちを呼吸法で解消しようとしたけれど……

呼吸法に注目したこともありました。呼吸に意識を集中することは、自分の心の声を聞くうえで効果のある方法だと思います。でもこの頃は、感情をコントロールするための手段として呼吸法を取り入れていました。

不安やいら立ちなどを感じたらおでこに手を当て、ゆっくりと深呼吸。数回繰り返すと平常心に戻れる……というわけです。

あるとき私は、自分と同年代の経営者さんたちによるパネルディスカッションを聞きに行きました。引き寄せに取り組んで「よい気分」でいられることが多くなったので、自分と比較したりせず、「すごいな」「参考になるな」と素直な気持ちで受け止められると思っていたのです。

でも実際は、「オレのほうが実力は上だろ」「この人は、たまたま運がよかっただけだ」といった思いがフツフツと……。これではいけない！　こんな風に感じてはいけないのだ！　そう思った私は、ネガティブな感情が湧いてくるたびに、おでこに手を当てて深呼吸をしていました。

少し話を聞いては、おでこに手を当ててスーハー、スーハー。**周りからは「熱が出て具合が悪い人」に見えていたと思います。**

迷走期

「いい人ぶりっ子」と言われながら引き寄せを続ける

引き寄せに取り組み、さらにブログでの発信を始めて1年ほどたつ頃には、私はだいぶ「わかったつもり」になってきていました。仕事は「少し上向き、また下がる」というサイクルを繰り返していました。でも、引き寄せのおかげでジリジリとよい方向に向かっていると思っていた、いや、思いたかったのです。

本やブログから大量の情報をインプットしていたため、引き寄せに関する知識は十分でした。でも理解が浅く、今振り返ると「惜しい！」「それ、いらない！」と言いたくなるようなことも少なくありません。

自分の望む現実を引き寄せるために、よい気分で過ごす。これは本来、とても単純なことです。でも当時の私は、自分なりに「理解」しようと、**「一日の活動の総量に占めるよい気分の比率」**の公式をつくってみたりしていました。そして、その公式で導き出した「よい気分」比率が50％を超えると、自分にとってよい現実を引き寄せられると思う、などと結論づけています。

また、「大切なのは自分の心と体を喜ばせることで、〝いい人〟になることではない」などと正論を書いているわりに、ブログでは無意識のうちにカッコ悪い部分を隠していたし、「きれいごと」を並べていたようなところも……。

たとえばブログを始めた理由だってそうです。人に聞かれたら、「同じような思いをしている人に、私の経験を活かしてもらうために発信しています」などと答えたでしょう。でも本当は、「こんな逆境から復活していくすごいオレ」を見せてやりたい、という気持ちでスタートした。ただ、それを認めることができなかったのです。

私の引き寄せへの向き合い方は、まだ少しズレていたようです。その証拠に、**当時は妻に「いい人ぶりっ子」「謙虚ぶりっ子」と呼ばれていました。**

自分につけたキャッチコピーは今も当時のまま

３歩進んで2～3歩下がるような状態ではありましたが、小さな手ごたえを感じることもありました。たとえば、自分にキャッチコピーをつけること。私は引き寄せを始めてからわりとすぐに、**「ガッツリ稼いでいるカリスマ経営者で、講演家としても活躍中」というキャッチコピーをつけました。**そしてそれは、今でも変わっていません。

「なりたい自分」を決めたら、その人物として振る舞うことを心がけます。得意先に会うのも、ラーメンを食べるのも、支払いを待ってもらう電話をするのも、「ガッツリ稼いでいるカリスマ経営者で、講演家としても活躍中の私」として行なうわけです。この方法はなかなか楽しいうえ、引き寄せの効果もあると感じました。

また、「全体最適」の考え方も仕事の助けになりました。全体最適とは、「自分も含めた全体の発展に貢献する」意識をもつことです。自社の利益だけを追求するのではなく、自分も得意先も発展し、満足できるような仕事をしよう。こういった視点をもったことは、得意先との関係にプラスに作用したと思います。

自分の感情を味わうために、取引先より高いものも堂々と食べる！

感情を大事にすることも、日常的に意識するようになりました。

きっかけは、得意先との面談で不愉快な思いをしたことです。その出来事のよい面を探そうとしたのですが、どうしてもうまくいかない。だから、「ムカつく！」という気持ちを認めてみました。そして人気《ひとけ》のないところで声に出して悪態をついたところ、気分スッキリ！　感情をコントロールすることばかりを重視し、感情を味わっていなかったことに気づいたのです。

感情を味わおう！　と決めた頃、取引先の方にランチをご馳走《ちそう》になったことがありました。先方の注文は、焼き魚定食９００円、カツオのたたき丼１０００円。これまでの私だったら、瞬時に「今日のプライスゾーンは１０００円だな」と考え、無難に焼き魚定食を選んでいたでしょう。でもその日は、本マグロ丼が食べたかった！　だから、自分の気持ちを満たすために本マグロ丼１２００円を注文しました。

立場をわきまえずに高いメニューを選んだ私は、「非常識な人」と白い目で見られたか？

そんなことはありません。**それどころか、「西山さんって本当においしそうに食べますね。見ていて気持ちがいいです！」と笑顔で言っていただきました。**

それ以降、自分の気持ちを満たすことは、私の最優先事項のひとつになっています。

迷走期

引き寄せの効果を感じつつ停滞期へ

問い合わせや新規の案件が増えてくると、「よい気分」でいることが簡単になってきます。引き寄せに取り組んできてよかった、自分のしてきたことは間違いではなかったと、宇宙への信頼感も自然に深まります。

ブログ開始から1年半ほどたった頃、一時的に業績が好転したことがありました。2~3か月は月末もスムーズに乗りきることができ、「普通に支払いができることがこんなに幸せだったなんて！」と、感謝の気持ちを噛みしめる毎日でした。そして、よい気分がよい現実を引き寄せたためか、過去最高額の売上が見込める案件が舞い込んできたのです。

もちろん、私はワクワクしながら先方の返事を待っていたのですが、待たされたうえ、結果は見送り。以前の私なら根性を出して食い下がり、説得しようと頑張ったでしょう。でも、引き寄せから多くのことを学んだ私は、検討してくれたことへの感謝を伝え、案件を白紙に戻しました。

大きな案件をあっさり手放せたのは、なんとなくこう感じたからです。

ああ、先に出て行って、後から入ってくるパターンだな。

すると数日後、新規の取引先との話し合いが一気に進み、短期間で契約をすることができたのです。

「大きな契約を取りたい」「早く契約したい」などは、私のエゴ。それを満たすようにものごとが進むわけがありません。宇宙を信頼していれば、私にとって最適のタイミングで最適のことが起こる。そして、「先に不要なものを手放し、後から必要なものが手に入る」のが宇宙のルールなのかな……。こんな風に思えるようになったことで、不安やいら立ちからジタバタすることが少しずつ減っていきました。

仕事がうまくいきはじめても、豊かさをうまく受け取れない

資金繰りに苦しんでいる会社にとって、忙しいのはありがたいことです。新しい案

件が入るのは、うれしいはずです。でも久しぶりに超多忙になったとき、感謝や喜びを感じるのと同時に、小さなモヤモヤも芽生えていることに気づきました。

引き寄せを実践し、よい気分でいることを心がけていたら、苦しいけれど「今月もなんとかなった」という状態が続きました。そして宇宙への信頼感が深まってくると「○○社に連絡してみよう」「こんなイベントはどうだろう」というインスピレーションが湧き、それに従って動くことが仕事につながるようになってきました。

やっと、少しだけよい流れができてきたところです。会社の復活はまだまだこれから。それなのに私は、「あ〜、忙しいなあ。このままいくと、大変なことになりそうだな〜」なんて思ってしまったのです。

これは、**私の中に「豊かさを受け取る恐怖」があったからです**。自分が本当に望むものが与えられそうになったとき、多くの人は、「自分には無理です！」などと受け取り拒否をしてしまいます。そのことを知識として知っていた私は、すべてを喜んで受け取れるかどうかが、「引き寄せマスター」になれるかどうかの分岐点だ！　と腹を据えた……つもりだったのですが、どうやらまだ、すべてを受け取れる器ではなかったようです。

働き方は大きく変わったけれど、引き寄せは停滞

ブログを始めて、約2年。私は「引き寄せ停滞期」のような感覚を覚えていました。

まあ、なんとかなっているけれど、うまくいっているというほどではない。

苦しくはないけれど、底抜けに楽しいわけでもない。

日々の小さな出来事に加え、新規の取引先ができたり、高額の債権放棄をしてもらったりするなど、引き寄せによるミラクルも経験しました。でも自分の現在は……今ひとつパッとしない。

ただ、はっきりとした変化もありました。以前の私は、計画や目標、段取りが大好物。スケジュール帳に分単位でタスクを書き込み、より生産性を上げるために仕事をコントロールしていました。でもこの頃には、インスピレーションに従って、目の前のことに全力で取り組む、という働き方をするようになっていました。**目標達成型から、インスピレーション重視型へ。**私個人ではなく、もしかしたら社会全体が経営スタイルを変えていく時期にさしかかっているのではないか、とも感じていました。

迷走期

仕事は低迷。変わらない現実に焦りを覚えはじめる

気分よく過ごせる時間が増えたため、支払いが近づいても以前ほど大きな不安を感じることはなくなっていました。でも相変わらず売上は低迷し、私は心の中で「お金よ～、寄ってこ～い」と唱える毎日でした。

もちろん、事務所の家賃も滞納していました。事務所のあるビルの上階に住んでいる大家さんとは、たまに階段ですれ違います。いつもは、気まずいながらも笑顔で挨拶&おわびをすればOKだったのですが、あるとき、さすがに退去をほのめかされてしまいました。**当たり前です。6～7か月分も滞納していたのですから。**

そして2017年末、さすがにこれはマズいだろ!? という事態になりました。会社の口座の残金が、創業以来もっとも少なくなったのです。どのぐらい少ないかといえば、小学生のお小遣いにも負けているんじゃないか？ というレベルです。

同時に、家計もピンチ！　お米を買うことを最優先した結果、家賃に加えて公共料金の支払いまで滞ってしまいました。

さて、どうしよう。

と思っていたところ……。週が明けると、なんとか年が越せそうな額の資金が入ってきました。そしてなぜか、会社のクレジットカードの利用限度枠が拡大されたという通知が届きました。さらに取引先の返事待ちだった案件が、年明けには本契約、という流れになったのです。

現状を変えようと、以前試した方法に再度トライ

資金繰りが厳しくなったときは、以前のようなお金の恐怖がぶり返しました。月末が近づいてくると、いつも「頼むぞ。奇跡でも見せてみやがれ！」と祈りました。

３年近く続けているのに、引き寄せで思ったほどの効果を出せないことに焦りも感じました。**当時の日記には、「引き寄せもいいけど、ビジネスも頑張ろう」という記載も。**引き寄せを続けながらも、私には迷いが生じていました。なんとか現状を打破

しようと、「最近していなかった引き寄せ」をもう一度試してみたりもしました。

商談がうまくいかずにヘコんでいたとき、ふと、最近「ありがとう」と言っていないことに気づきました。そうか、うまくいかなかったのは感謝が足りないせいかもしれない……。そして翌日は、朝からひたすら「ありがとう」とつぶやき続けました。

歩きながら「ありがとう」。掃除をしながら「ありがとう」。思っていなくても「ありがとう」。調子の悪いパソコンは、「ありがとうありがとう！」と連呼しながら再起動。感謝の念のおかげかどうかはわかりませんが、**なんと、その後はスムーズに動くようになりました**。

久しぶりにアファメーションにも取り組みました。ネットで調べたところ、「スマホに自分の声で宣言を録音し、常に聞いている」という方法があることを知り、さっそく試してみました。移動中ずっと聞き続け、目的地の駅でエスカレータに乗ったとき、再生を止めてイヤフォンを抜き取りました。でも、停止ボタンをきちんと押せていなかったのでしょう。スマホから、私の声が大音量で流れ出してしまいました。

「私はお金が大好きで、お金も私が大好きです！　私はお金が大好きで……」

スマホアプリの操作に自信がない方には、この方法はおすすめしません。

引き寄せの本質に少しずつ近づきはじめる

自分が期待するほどの結果は出ていませんでしたが、この時期の私は、少しずつ引き寄せの本質に近づいていたのだと思います。たとえば、ずっと「思考のクセ」を薄めて平常心を保とうとしていたのに、ある時期から「自分の魂を前面に出していく」ことを意識するようになります。ここに来てやっと、問題は魂と思考の「立ち位置」にある、ということをつかみかけたわけです。

また、「思考を止める」ことの効果にも気づき、瞑想したり、呼吸に意識を向けたりすることに、あらためて注目するようになりました。

年末に引き寄せたいくつかのラッキーのおかげで、会社も我が家もなんとか年を越し、２０１８年を迎えました。でも、とくに仕事が上向く気配はありませんでした。

自宅の家賃も、最大時で21か月分も滞納していました。寛大な大家さんの忍耐も限界に達し、「お互いのために、1年以内に未納分がゼロにならなかったら退去してください」と、最後通牒《さいごつうちょう》を突きつけられてしまいました。

大転換

息子の学資ローンの審査が通らない！しぶといエゴがついに降参

2018年8月6日。この日は、私にとって決して忘れられない記念日です。

私の息子は、当時高校3年生。冬には大学受験を控えていました。当然ですが、大学に行くには学費がかかります。私は、某金融機関の学資ローンを申し込みました。でも、と言うかやはりと言うか、私は審査に落ちてしまったのです。

大切な息子が、大学に行けないかもしれない。

私にとって、人生最大のショックでした。不安に襲われて何も手につかなくなり、想像は悪いほうへ、悪いほうへと広がっていきます。思考の暴走を止めるため、私は、ひとまず瞑想をしました。そしてひと息つくと、急に大きなエネルギーが湧いてくるのを感じました。そして気がつくと、妻にこう言っていたのです。

「オレ、稼ぐ」

そうだ。息子の学費は「借りる」んじゃない。「稼ぐ」んだ。

私は、本気で決意しました。そして同時に、無性にワクワクしてきたのです。稼げる当ても、根拠も、何もないのに。

「稼ぐ」と口に出した瞬間、胸のあたりがフワッと温かくなったのを感じました。気分が一気に明るくなり、なぜかニヤリと笑ってしまいました。

これが、私のターニング・ポイントです。

力不足を認めたエゴが心に場所を譲った

私たちの中には、心（魂）とエゴ（思考）があります。心の役割は、自分の望みを訴えること。エゴの役割は、心の望みを叶えるために必要な手助けをすることです。本来は、エゴより心が上位にいなければならないのです。

でもほとんどの大人は、心とエゴのポジションが逆転しています。教育や社会常識によって、自分が本当にしたいことより、周りから求められ、認められることを優先してしまう。そして、それが正しいのだと刷り込まれてしまっているのです。

子どもの頃は、本当に好きなことを純粋に楽しんでいたはずです。飽きるまでブランコに乗っていたり、朝から晩まで庭で虫を見ていたり。でもいつの間にか、ブランコを上手にこげたり、虫の生態に詳しかったりすることより、勉強やスポーツのほうが大切だ、と思わされてしまうのです。

何かを「頑張る」ことは、エゴの得意分野です。頑張ることそのものが「素晴らしいことだ」と刷り込まれるし、よい成績をおさめればほめられる。一流の学校に入学すればうらやましがられる。そんな「成功体験」がエゴをますます肥大させ、いつの間にか、本来は心がいるべき場所にエゴが居座るようになってしまう……。

私の場合も、もちろんそうでした。

もっと努力しろ。頭を使え。やればできる。根性だ、気合いだ、集中力だ！

自信満々にこう言いきるエゴに従い、いつからかすべてを「頑張って」きました。引き寄せに取り組み、エゴによってつくられた価値観を手放そうとしてきたけれど、難しかった。だから、現実を変えることができなかった。

でも「息子の学費を用意できない」という最大級の試練に突き当たったとき、エゴは自分から降参しました。自分の力では、もうどうすることもできない、と悟ったんでしょう。**そして心が、やっと本来の場所に戻ったのです。**

心が主導権を握れば、自分らしく生きられる

私に「稼ぐ」と言わせたのは、心です。心による発言は、私が本当に望むことです。エゴに押さえつけられてきた心が、ついに主導権を取り戻したのです。私が思わずニヤッとしたのは、事態の深刻さを理解していなかったからではありません。心が喜んでいたからです。心が本来いるべき場所に戻り、やっと自分らしく生きられる！そんな思いが一気にこみ上げてきたからです。

３日後、大口の案件に関して、感触のよい連絡がありました。そして10日ほど夏休みをとり、帰省先から帰宅すると契約が決まりました。これまで経費がかかるために避けていた営業スタイルに切りかえることを決め、始めてみると、営業の効率が大幅にアップしました。

心が本来の場所に戻った瞬間から、現実がどんどん好転していきました。

上昇期

「受け取る恐怖」を息子の言葉で乗り越える

「稼ぐ」と決めた8月末には、ここ数年の月商の2倍もの入金がありました。そのときは現実がバタバタと変化していたので、「よし、やった！」程度に思っていました。

でも、9月には3倍、10月には5倍……とさらに増えていったのです。

10月の入金額を見た瞬間、私が感じたのは恐怖でした。

自分が願った通り、いやそれ以上に「稼ぐ」ことができているのだから、最高にハッピーなはずです。それなのに私は、おみくじで大凶を引いてしまったときのような、背中がゾワッとする怖さに襲われました。

「おいおい、やばいよ。この後、悪いことが起こるんじゃないかな……」

思わずつぶやいた私に、妻も同調しました。

「そうよね。これ、おかしいわよ。絶対に、何かある！」

通帳を眺めて、不吉な予感に怯《おび》える夫婦。そんな私たちを救ってくれたのは、息子でした。

「何言ってるんだよ。今まで一生懸命やってきたじゃない。5倍や6倍なんてまだまだだよ。10倍、20倍になって当然でしょ」

そして「10倍、10倍」と歌いながら、踊りはじめたのです。「ほら、みんなで踊ろうぜ！」という息子につられ、家族3人で「10倍！　10倍！」と踊りながら、しばらくリビングをぐるぐる回り続けました。

他人が見たら心配になるような眺めだったかもしれませんが、踊りながら私は思ったのです。

ああ、受け取っても大丈夫なんだな。

「受け取る恐怖」が起こるのはエゴのせい

このとき私が感じたのが、「受け取る恐怖」です。現実が好転していくとき、おそらくだれもが感じるものだと思います。

求めるものが手に入ったときに恐怖が湧いてくるのは、エゴの仕業《しわざ》です。エゴには先回りして心配する習性があるため、いざというときに「不用意に受け取らないほうがいいんじゃない？」「もらっちゃうと、とんでもない見返りを求められるかもしれないよ！」など、さまざまな理屈をこねはじめるのです。

でもここでエゴのささやきに負けたら、またエゴが優位の自分に逆戻りしてしまいます。「心が主導し、エゴが従う」という本来のポジションを守るためには、恐怖を乗り越え、心が望んだものを受け取らなければ！

自分が望んだものを受け取れるのは、「欲しいものは受け取って当然」と思える人だけです。 たとえば、私の息子のように。

「努力したから」「私はいい人間だから」など、もっともらしい理由はいりません。受け取るのは、自分にはそれ相応の価値がある、と認めること。自分の価値に気づき、望んだものを受け取ることができてこそ、自分らしく生きられるのです。

私の場合、受け取る恐怖を乗り越えた後には「使う恐怖」も待っていました。業績が上向いて間もなく、家族でディナーに出かけました。つい最近まで、ビールに手を出すのをためらって発泡酒を飲んでいた私にとって、ほんの2〜3時間で数万円の食事代は、すんなりと受け入れられるものではありません。メニューを見ながらつい、「これとこれで家賃半月分だ……」などと計算してしまう。

でも、食事を楽しんでいるときに気づいたのです。

私がほしいのはリッチな食事ではなく、家族の笑顔と、皆でおいしいものを楽しむ時間なんだ。そのための料金を、家賃なんかとくらべることはできないな……。

すべての人は、望むものを受け取る価値がある

私は独立してからずっと、自分のことを「支払いのできないダメ社長」と思っていました。心が主導権を取り戻してからも、その気持ちが残っていたのでしょう。だから売上が大幅に増えたとき、エゴが「ダメ社長である自分には、こんな大金を受け取る価値がない」と言い出してしまったのです。

息子のおかげで受け取る恐怖を乗り越えられた私は、今ではこう思っています。

私は、存在しているだけで価値がある。

私には豊かに生きる権利があり、周りを幸せにするパワーがある！

上昇期

自分らしく生きられるようになって「穏やかな豊かさ」を手に入れた

ブログを開設し、本気で引き寄せに取り組みはじめてから約3年半。私はずっと、自分が望んでいるのは「お金がたくさん入ってくること」だと思っていました。だから引き寄せがうまくいったら、お金がザクザク入ってきて大きな幸せを感じることができるんだろうな、とイメージしていたのです。

2018年8月に現実が大きく変わりはじめ、それ以降、多少の浮き沈みはあっても会社の業績は順調に伸びています。滞っていた支払いや借りていたお金の清算も進んでいます。銀行から融資を受けることもできる「普通の会社」に戻れるのも、そう遠い将来ではなさそうです。

たしかに収入は増え、私は幸せになりました。**でも意外なことに、「お金が入ってくること」そのものが私を満足させてくれたわけではなかったのです。**

「お金があること＝幸せ」ではないことに気づいた

心を正しいポジションに戻し、自分らしく生きられるようになったことで私が手に入れたのは、「穏やかな豊かさ」でした。

取締役として在籍していた会社が上場したときには、一瞬、持ち株の価値が３億円ほどになったことがありました。年収も２０００万円を超えていました。でもその頃の私には、充実感も満足感もありませんでした。感じていたのは焦りと不安です。株価が下がったらどうしよう、仕事がうまくいかなくなったらどうしよう！

今私は、毎日をとても穏やかに過ごしています。**実は、私が望む幸せは、家族や友人と楽しい話をしたり、おいしいものを食べたり、といった身近なものでした。**

お金は、幸せや喜びを得るための手段でしかありません。たとえ３億円もっていたとしても、それが減ることでイライラしていたのでは、幸せとは言えません。それより３万円しかもっていなくても、「みんなでおいしいものを食べに行こうぜ！」と言えたほうがずっと幸せですよね？

稼ぎたいのは、幸せや喜びを手に入れるため

私の「稼ぎたい」という気持ちは、「お金がたくさん欲しい」という意味ではなかったようです。稼ぎたいのは、稼いだお金を使って楽しみや喜びを手に入れたいから。そして、その幸せを身近な人と共有したかったから。そんなことにも、やっと気づくことができました。

たとえば家族と食事に出かけたとき、支払い額が10万円でも2000円でも構わない。支払えるオレってすごい！　とも、安いものしか食べられなくて悲しい、とも思いません。楽しんだ時間の価値は、金額によって変わることはないからです。

穏やかな豊かさは、大きな安心感ももたらしてくれました。お金があるから安心、なのではありません。**安心していることでお金が入ってくる、という流れができたのです。**胸のあたりがいつも温かく、宇宙にハグされているような安らぎを感じます。

何があっても、もう絶対に大丈夫。

今、私は心からそう思っています。まだ、貯金はぜんぜんないのですけど。

第2章

エゴは脇役、心が主役

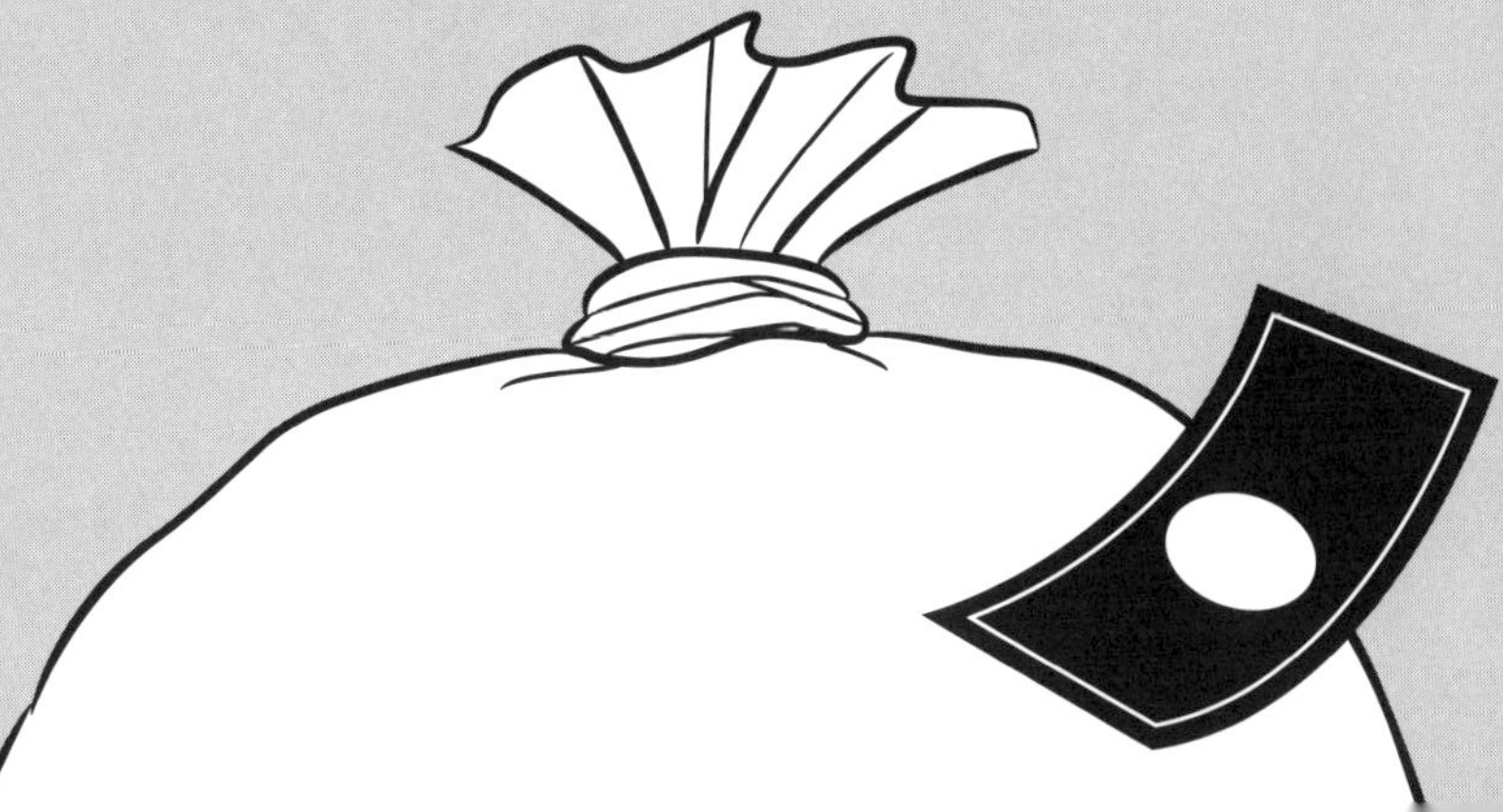

すべての人の中には男性性と女性性が共存している

心理学やスピリチュアルで使われる用語に、「男性性」「女性性」というものがあります。これは、生まれもった性別である「男性」「女性」とは異なるものです。

大まかに言うと、精神面での「男性らしさ」「女性らしさ」にあたり、すべての人が男性性と女性性をあわせもっています。楚々《そそ》とした女性の中にも男性性はあり、ゴツい体育会系の私の中にも女性性は存在しているわけです。

いろいろな受け止め方があると思いますが、私の場合は、**男性性とは「エゴ」や「思考」であり、女性性とは「心」や「魂」だと解釈しています。**そして、ひとりの人間の中に男性性と女性性がある以上、力関係をどのように保つかによって、その人の在り方が大きく変わってきます。

本来、主導権を握るのは女性性です。これは性別を問わず、すべての人に当てはまる真理です。

女性性優位になると、仕事のしかたも大きく変わる

以前の私は、男性性全開で生きていました。目標を決め、計画を立て、努力して達成する。自分のするべきことはコレだ！　と信じていたし、こうしたやり方で周りからの評価も得てきていました。

たとえばイケイケ営業マンだった頃の私は、週末に必ず翌週のスケジューリングをしていました。仕事をする時間を1日8時間×５日＝40時間と考え、その時間にやるべきことを当てはめていくわけです。

まずは得意先とのアポイントメント。次に会議や打ち合わせ。そして、個人や少人数でこなす大量のタスク。どこに何を当てはめればもっともムダなく仕事をこなせるか？　を考え、パズルのように組み合わせていきます。そしてA５判の大きな手帳に、それこそ5分単位で行動予定を書き込んでいました。「2時15分・A社に電話」「２時20分・部下Ｂに作業の指示出し」なんていう風に。

手帳にびっしり書き込んでみても、その通りに予定をこなせるわけではありません。急な来客があることもあれば、パソコンがフリーズすることもある。取引先の担当者がおなかをこわして急に休むことだってあります。他人の行動は予測できないし、自分に原因のないアクシデントを防ぐことだってできません。

それでも毎週末、私は手帳のページに細々と書き込むことをやめませんでした。すべてのことを自分でコントロールできる、いや、コントロールしなければならないと思い込んでいたからです。まさにエゴ丸出し、男性性優位の発想です。

でも今の私は、きっちりしたタイムマネジメントをする習慣を手放しています。**アポイントメントは早い者勝ち。**重要度や効率ではなく、原則として予定が入った順に優先し、するべき仕事も流れの中で考えていきます。

大きな手帳を真っ黒にしていたのは、締め切りや納期を守るためです。ではそれをやめてどうなったか？　と言えば……。キチキチに予定を立てなくても、きちんと締め切りを守れることを知りました。おまけに、スケジュールに縛られるストレスからも解放され、心にも余裕が生まれました。

今するべき仕事をきちんとしてさえいれば、ものごとはうまくいく。

私がこう感じられるようになったのは、おそらく「するべき仕事」を選ぶ役割が、男性性から女性性、つまりエゴから心に変わったからだと思います。

人生のかじ取りをするのは女性性

女性性（＝心）の役割は、自分が進む方向を決めること。そして男性性（＝エゴ）の役割は、心がしたいことを実現するのを実務レベルで手助けすることです。

でも男性性は、小学生男子なみに調子に乗りやすい。だから自分が段取りをつけたことがうまくいくと、「オレの手柄だ！」とカン違いしてしまうことがあります。そして、本来は女性性の仕事である意思決定に口出しをしはじめます。

女性性が「今日は早く帰りたい」と言っても、「仕事が終わってないじゃん」「部長もまだ席にいるし」「甘えちゃダメだよ」などと大声でまくしたて、理屈をこねて言い負かす。そんなことを繰り返すと、女性性は思ったことを言えなくなってしまいます。そしていつの間にか、男性性が主導権を握ってしまうのです。本当は、意思決定をする権利も能力ももっていないくせに。

聞く価値があるのは心の声だけ

独立した直後、十分な売上も上がっていないのに、私は新卒社員を採用しました。当時の私は、それまで周囲に評価されてきた経験から、「オレってすごい」と信じていました。だから、まっさらな状態の新人に「すごいオレ」の仕事術を一から教えれば、ガッツリ稼いでくれる「すごい部下」に育つと思っていた。まあひと言で言えば、素直な若者をオレ色に染めてみたかったわけです。

独立早々、会社はつまずいていたけれど、これから本気で頑張ればなんとかなる！と不安を打ち消していました。弱気になったときや迷ったときは、効率よく稼ぐ方法や部下をもっと頑張らせる技術を知ろうと、マネジメントやコーチングなどの本に手を伸ばしていました。

これらはすべて、エゴに従ってしたことです。

上場を目指す会社なんだから、新卒採用なんて当たり前。新人育成！　事業拡大！　私の中には、そんな刷り込みがありました。でも、エゴの指示する方向に踏み出してみた結果……。

どんなに頑張っても、業績は上がりませんでした。

育ててきた新人も、給料の遅配が続いたために辞めていきました。

タクシー通勤は電車になり、バスになり……。

本を読みあさって得たマネジメントの知識やコーチングの技術も、実践で結果を出してはくれませんでした。

エゴに従って生きると、周りにも迷惑をかける

エゴの声に従うことで、気づかないうちに周りにも悪影響を及ぼしていました。いちばんの被害者は……妻です。

当時の私ときたら、自分が休める日に合わせて、「今週の土曜日は家族でディズニーランドに行くぞ」と勝手に決める。おまけに「せっかく行くんだから、朝８時に入

園して閉園まで遊ぼう」などと言い出す。

今になると信じられませんが、私は本気で「家族のため」と思っていたのです。たまの休みにわざわざディズニーランドに連れていってやるんだから、妻も息子も喜ぶに決まってる。家族を大切にするオレに、感謝するに決まってる！　こんな風に考えることしかできなかった。妻は家でのんびりしていたかったかもしれない……なんて可能性は、これっぽっちも思い浮かびませんでした。

当時は、妻ともよくけんかをしました。ちょっとした言い争いでも、私は理屈をこねて妻を論破しなければ気がすみませんでした。**こんな夫と一緒に暮らしていたら、当然、妻の心（女性性）だって委縮《いしゅく》してしまいます。**そして、私の屁理屈攻撃には、妻もエゴで対抗するしかありません。「本当はこうしたいのに」「本当はこう思っているのに」という気持ちを抑え、いろいろなことを我慢していたはずです。

心の声に従えば、自分も他人もハッピーに

エゴは優れた実務家ですが、創造性はもち合わせていません。だからエゴの力で人

生をつくり上げていこうとすると、必ず失敗します。そして失敗すると、努力が足りないとか能力が低いとか考えが甘いとか、自分を傷つけるようなことを言ってくる。そもそも、うまくいかないのはエゴの判断が間違っているせいなのに。

正しい方向に進むためには、心の声に従う必要があります。心には、自分が本当に望むこと、したいことがわかっています。その声をキャッチし、正しい方向に踏み出しさえすれば、穏やかな豊かさを引き寄せることができるのです。

心に従っている限り、人に迷惑をかけたりだれかを傷つけたりすることは絶対にありません。心は魂であり、魂は宇宙の一部だからです。地球で暮らす何十億人の魂は、宇宙でつながり合っています。つまり、喜びも悲しみも、他人と分かち合うことになる。心はそれを知っているから、常に幸せや喜びを感じることを望むのです。**自分の幸せは、他人を幸せにすることにもなるからです。**

心の声に従うようになってから、私の会社は一気に上向きました。休日も、無理やり家族で出かけるのではなく、それぞれが自由に過ごすようになりました。妻も私のエゴに対抗する必要がなくなり、とても楽しそうに、イキイキとしています。もちろん、夫婦げんかもほとんどしなくなりました！　……なくなってはいませんけど。

人生の王座に座るのはエゴではなく心

引き寄せが今ひとつうまくいかなかった頃、私はずっと「思考のクセをなくすこと」を目指していました。スピリチュアルを学んでいたので、自分の中にエゴ（＝思考）と心（＝魂）があること、心を喜ばせるのが大切なこと、などの知識はもっていました。だからブログを始めたとき、私はまず自分の「在りたい姿」を設定し、それを引き寄せるために「よい気分でいる」と決めたのです。

でもとりあえずゴールを設定し、よい気分でいる努力をしても、なんだかパッとしない。改善策を求めて本やブログから情報を集め、ああでもない、こうでもないと試行錯誤を繰り返すうちに、自分なりの仮説にたどり着きました。

思考のクセをなくせば、いつもよい気分で過ごせるのでは？

そしてよい気分で過ごせば、幸せな現実を引き寄せられるのでは？

エゴで感情を選んでも、よい気分にはなれない

仕事がうまくいかずにヘコむのも、他人の言動にカチンと来るのも、月曜の朝にやる気が出ないのも……。ネガティブな感情が湧き起こるのは、すべて自分の「思考のクセ」のせい。このクセさえ矯正《きょうせい》すれば、いつだって明るく穏やかでやる気満々、つまりよい気分でいられる。そうすれば、幸せをグイグイ引き寄せられるはずだ！

そう思った私は、思考のクセをなくそう、なくせないならせめて薄めよう、と頑張り続けました。不安なときに大声を出して笑ったり、苦手な相手のよいところ探しをしたり。**今思うと、当時の私はエゴで感情を選択しようとしていただけです。**

心は、「Ａさんってイヤなヤツ」と思っている。それなのにエゴが、「何を言ってるんだ。Ａさんが約束を守らないのは忙しいからだし、いやみな言い方は単なるクセだし、不機嫌だったのは疲れているせいだ。Ａさんは意地悪なわけでも、私のことがきらいなわけでもない。ほら、Ａさんがイヤな人じゃないってわかったよね？　これでよい気分でいられるよね？」などと説得していたわけです。でもこんな屁理屈、納得

できるわけがない。

無理やり手に入れる「よい気分」なんて表面的なものに過ぎず、心を喜ばせたことにはならない……。こんな単純なことに、私はずっと気づけなかったのです。

心とエゴは本来の居場所にいてこそ力を発揮する

私が本当にするべきだったのは、エゴの力を弱めることではなく、エゴと心を本来のポジションに戻すことでした。そして私の場合、正解にたどり着くためには「息子の学費が払えない！」というショック療法が必要でした。

私のイメージでは、それぞれの人には「人生の王座」があります。

本来、王座に座るのは心です。エゴの役割は、心に仕《つか》える忠実な執事のようなもの。心の願いを叶えることがエゴの役割であり、喜びであるはずなのです。

だれもが生まれたときは、心が王座に座っています。心には、やりたいことはわかっているけれど、実務能力がありません。これに対して、エゴは抜群に「仕事がデキるヤツ」です。**そして社会で求められ、認められやすいのは、効率、戦略、規律、競**

争、成功……。どれもエゴが得意なことばかり！

エゴが頑張ると親や先生からほめられ、友だちからも一目置かれる。こんな体験を重ねるうちに、エゴは自分の立場を忘れてしまいます。本来、心が人生の主役であるにもかかわらず、エゴが人生の主役であるかのように振る舞いはじめる。そしてついに心を追い出し、エゴが王座に座ってしまうのです。

居場所を奪われた心は、王座の下から必死に訴えます。あなたは私の執事でしょ。私の言うことを聞いてよ。私のことを見てよ……。

でも下剋上《げこくじょう》を成し遂げていい気になっているエゴは、心の声を無視し続けます。その結果、心はすねてしまい、思いを伝えることをあきらめてしまう。こうして私たちは、自分の本当の願いを見失ってしまうのです。

私もずっと、心の声が聞こえない状態で生きてきました。でも息子を大学に行かせてやれないかもしれない！　という大ピンチに直面したとき、私のエゴは降参し、自分から王座を降りたのです。

本来、心とエゴは最高のパートナーです。心が王様、エゴは執事。正しいポジションにいれば、抜群のコンビネーションで幸せを引き寄せてくれるのです。

コツコツと練習を重ねれば心の声を聞けるようになる

心が王座に戻って1か月ほどたった頃、私は営業の方法を大きく変えました。そして、今もそのスタイルを続けています。

新しい方法が成功したいちばんの理由は、私がその営業スタイルが好きだからです。「こうしてみたい」という心の声に従ったことで、自分自身が夢中になり、楽しめる方法を見つけられました。そして私が夢中になることが、売上にもつながっています。

でもよく考えると、営業スタイルの変更を考えたことは以前にもありました。今の営業スタイルを、妻からすすめられたこともありました。でも、そのときは実行しませんでした。というより、「実行できるはずがない」と思ったのです。

お金がない、場所がない、成功する保証がない。「できない理由」は、すべてエゴの声でした。だって、新しい営業スタイルに変更する費用は８０００円。資金繰りが苦しいとはいえ、頑張れば捻出《ねんしゅつ》できる金額です。それをしなかったのは、「新しいスタイルを試してみたい」という思いが心の声だということに気づいていなかった証拠です。

心とエゴが正しいポジションにいれば、心の声が聞こえやすい

今では、私は心の声を自然に聞くことができるようになりました。

もともと心の声は小さく、伝え方もふわっとしています。「〇〇がしたい」「〇〇がほしい」といった具体的な望みに気づくためには、エゴの協力が欠かせません。エゴが心のサポート役として小さな声をキャッチし、わかりやすく変換する……というプロセスを経ることで、心の訴えが意識に上ってきやすくなるからです。

私の場合はどん底まで落ち、さらに大きなショックを受けたことによって、エゴと心のポジションが一気に修正されました。これは私のエゴが猛烈にしぶとく、荒療治をする以外に方法がなかったためでしょう。

でも、私ほどのエゴのもち主はそう多くないはず。多くの場合、落ちるところまで落ちなくても、大ショックを受けなくても、エゴと心を正しい位置に戻し、心の声を

聞けるようになることは可能だと思います。

心の声に応えていくことで、心を王座に戻すこともできる

心の声をキャッチするためには、毎日の練習が必要です。エゴが王座に居座っているうちは、心の声とエゴの声を聞き分けるのが難しいかもしれません。だから最初は、わかりやすいことからスタートします。

確実に「心の声」であるのは、本能的な欲求です。のどが渇《かわ》いた、眠い、トイレに行きたい……。まずは、こうした欲求にていねいに応えていくことを心がけます。

簡単そうに思えますが、実はそれほどたやすくありません。王様気取りのエゴが、横からいろいろ口出しをしてくることも少なくないからです。

たとえば、会議中に眠気を感じたとします。このときの「眠いなあ」は、心の声。でも続けて、「今は会議中だから、我慢しなくちゃ。マズい、部長がこっち見てる!」などと思う。こちらは、エゴの声です。

心の声に気づいたときは、素直にそれに従うのが理想です。でも……。社会人であ

る以上、心の望みを叶えてあげたいからと、会議中に堂々と寝るわけにもいきませんよね？　だから私たちは、エゴの声に従って「寝ちゃダメ！」と自分を叱りつけ、重いまぶたをこじ開ける……という選択を繰り返してしまうわけです。その結果、どうなるか？　エゴが「やっぱりオレは正しい」と自信を深め、王座でますますふんぞり返ってしまうのです。

心の望みをすぐに叶えられないときの次善の策は、いったん受け入れることです。

「ダメ！」と否定するのではなく、「うん、たしかに眠いね」と認める。そのうえで「眠いけど、今は会議中だから寝ないほうがいいよね」と折り合いをつけるのです。そして会議が終わっても眠ければ、昼休みにちょっと昼寝をしてみる。

たとえ完璧ではなくても、願いが叶えば心は満たされます。また、無視されたり否定されたりしなかったことで安心し、「また言ってみようかな」という気になります。たとえ小さなことでも、「願いを伝えたら、叶えてもらえた」という成功体験を積み重ねていくうちに、心は自信を取り戻していきます。そして、どんどん願いを伝えてくるようになる。こうして「心に従う」流れができていけば、エゴに王座から降りてもらうことができるはずです。

本来のポジションにいることでエゴは心の最高のパートナーになる

自分の立場をカン違いしたり、心の声を無視して暴走したり……。エゴには、少し扱いにくいところがあります。でも、決して悪者ではありません。心にとってエゴは、欠かすことのできない大切なパートナーなのです。

ではなぜ、エゴは心に逆らおうとすることがあるんでしょう？　進む方向を知っている心に従えば、すべてはうまくいくのに？

答えは、エゴが心配性だからです。

エゴの存在意義は、「心を守る」ことです。私たちは社会の中で、さまざまな人に囲まれて生きていかなければなりません。心に従って生きている人は他人を傷つけることもありませんが、まだまだエゴ優位で生きている人が多いのが現実。そのため、他人から攻撃されたり傷つけられたりすることも頻繁にあります。でも心は純粋でもろいため、自分で自分を守るのが得意ではありません。**他人のエゴに対抗するためには、どうしてもエゴの力が必要になります。**

エゴは「心を守る」ために存在している

たとえば、上司から納期遅れを叱られたとします。叱った動機が、「先方に迷惑がかかるし、あなたにとってもプラスにならない」という正当なものなら問題はありません。でも「あなたが納期を守らないと、上司である私が指導力不足と思われる」という上司のエゴが含まれていた場合、心は深く傷ついてしまいます。

そんなときこそ、エゴの出番。エゴは得意の理屈で、心を慰めます。だれにだって失敗はあるよ。後輩のフォローで忙しかったんだからしかたがないよ……。心が傷つかないように、こわれてしまわないようにと、頑張るわけです。

でもこうしたことを繰り返すうちに、エゴは取り越し苦労をするようになります。心が傷ついたときにケアするのではなく、傷つかないように予防線を張ろうとしはじめるのです。

叱られるかもしれないから、それはやめたほうがいい。きらわれるかもしれないから、周りに合わせておこう。実際には起こりもしない未来を案じて、心の願いを押さえ込んでしまうのです。そして何事も起こらないと、「ほら、オレの言った通り！」と胸を張る。これがエスカレートすると、「オレの言うことを聞けばいい」「オレが正しい」とカン違いし、エゴが王であるかのような振る舞いにつながっていくわけです。

意思決定をすることができるのは、常に心だけ

エゴは常に、王である心の忠実な執事であるべき。その立場にいてこそ、心もエゴも本来の力を発揮することができます。

どんなに有能に見えても、エゴを意思決定に関わらせてはいけません。心に実務能力がないのと同様、エゴには進む方向を知る力がないからです。

正しいポジションで分業するのが、心とエゴのあるべき姿です。A社と契約したい！　と求めるのは、心の役目。そのために何をするかを考え、計画を立てて実行するのがエゴの仕事です。

私たちが注意しなければならないのは、心の声とエゴの声を正しく聞き分けること。

「〜したい」という思いは、エゴから生まれることもあるからです。「理由はわからないけれど、してみたい」は、心の声。でも「今月は売上が足りないからA社と契約したい」のように、理由や言いわけ付きの願いは、ほとんどがエゴから出たものです。

「A社と契約する」というゴールは同じでも、心とエゴのどちらが主導しているかで、結果は大きく変わります。心から出た願いなら、「担当者とよく話し合って信頼関係を築けばいい！」と、最初から正しいゴールが見えています。エゴはそれに従ってテキパキとアポをとり、資料をつくり、面談する。チャチャッと契約成立です。

でもエゴから出た願いの場合、何をすればよいかを理屈で考えてしまいます。そして、高級レストランでの会食をセッティングしてみたり、社長をゴルフに誘ってみたり。お金と時間をつぎ込んで見当違いのことをした挙句、先方からきらわれて契約がとれない……なんて悲劇が起こりがちなのです。

心とエゴが正しいポジションにいても、忙しかったり焦ったりしていると、エゴの声が大きくなることがあります。でも、心とエゴの関係は絶対的なもの。出しゃばってきたエゴには、**「キミは王の器じゃない！」**とはっきり伝えるのが正解です。

自分の人生の主役は「私」であることを忘れない

エゴ優位で生きている間はとくに、心の声が聞こえても、それに従うのは難しいと感じることが多いかもしれません。でも、その難しさの正体はなんでしょう？

打ち合わせ中にコーヒーが飲みたくなったら、どうしますか？　今は無理、と自分を叱る？　今は無理だけど後でね、と心の願いを受け入れる？

もちろん全否定して自分を叱るよりは、受け入れたほうがいい。でもそれ以前に、「今は無理」なのは本当でしょうか？

打ち合わせ中にいきなり席を立つなんて失礼だし。非常識だと思われそうだし。上司に言いつけられるかもしれないし。会社の看板に傷がつくかもしれないし。……当然のように「今は無理」と思う理由は、おそらくこんなところでしょう。こうした気持ちは、どれもエゴの言い分。そして、他人軸で生きているために生まれるものです。

営業部員である私。A社の社員である私。常識のある社会人である私。

ずっとエゴにコントロールされてきた人は、「私」を社会の一部としてとらえることが普通になっています。社会の秩序を乱さないことを最優先した場合、たしかに「コーヒーが飲みたくなったから」という理由で打ち合わせを中断するのはよくない、ということになります。

でも、自分の人生の主役は「私」であっていい。

「私」の位置づけは、「地球があって、日本があって、会社があって、その中で生きる私」ではありません。**「私」の周りに会社が、日本が、地球があるのです。**

心の声に従って行動することが、人生の創造につながる

自分の人生において、主役は常に「私」です。主役なのだから、周りに合わせる必要はありません。「私」が自由に動けば、自分に合わせて周りが整っていきます。

ただし主役になるためには、それなりの覚悟が必要です。「A社に属する私」のように与えられた環境で生きようとしているうちは、主役としての自由も存在感も手に

入れることはできません。大切なのは、「自分の人生は自分で創造する！」という心意気です。心の声をキャッチし、受け入れることは、創造の第一歩。次にするべきなのは、心の願いを叶えるために行動することです。

心に従って生きている人は、個性的でイキイキしています。……と言うと聞こえがよいのですが、ありのままを言えば、空気が読めず、マイペース。たとえばみんなでファミレスに行ったとき、「食べたいものが見つからないから、私は別の店に行く〜」とフラリと出て行ってしまう、なんてことをするのも平気です。

エゴ優位の人にとっては、信じられない行動でしょう。でも、これでいいのです。

思い込みを捨てて、できそうなことからやってみる！

人と一緒にいるときは和を乱さないようにしなければ！　なんていうのは、脇役の発想。単なる思い込みです。あなたは「みんなの中にいるちっぽけな私」ではありません。主役なのだから、したいことを堂々としていいのです。

たとえば以前の私は、得意先に出向いたときは真夏でもジャケットを着ていました。

社会人なら、それが当然だと思っていたからです。でも、日本の夏は暑い！……というわけで、あるとき上着を脱いで商談に臨んでみたのです。

結果的にだれからも叱られなかったし、服装を理由に取引を断られることもありませんでした。冷静に考えると、ジャケットを着て汗をダラダラ垂らしている男より、シャツ姿で涼しげな男のほうが、商談の相手として好ましいですよね。

最初はドキドキしますが、思いきってやってみると「実はＯＫなこと」の多さに驚くはずです。仮に周りに受け入れられなくても、ヘコんだり反省したりする必要はありません。サラッと謝罪し……時間をおいて、また試してみればいいのです。

たとえ小さなことでも、心に従って行動する。この積み重ねによって、「自分の人生を意図的に創造する習慣」が身についていきます。

「主役」として生きはじめると、今までとは違うかたちで周りとの摩擦や居心地の悪さを感じることがあるかもしれません。そんなときも、心の声に従いましょう。自分の人生には、自分が本当に求めている人や物だけ取り入れればいいのです。だれかを傷つけるのでは？　なんて心配する必要はありません。心がしっかり意思決定をすれば、あとはエゴの出番。有能な執事が、必ずうまくおさめてくれますよ。

「ふと思ったこと」は心の願いを叶えるヒント

「〇〇をしたい」という心の声をキャッチしても、それを叶える方法がすぐに思い浮かばないこともあります。「カレーが食べたい」「散歩に行きたい」のような願いだったら、叶える方法はシンプル。でも「A社と取引をしてガッツリ稼ぎたい」という場合は、それなりの手順を踏む必要があります。

どうやってアポをとる？　だれに会う？　どんな提案をする？　そして、どうすればガッツリ稼げる？　さすがのエゴも、すべての答えをパパッと提示することはできません。

そんなときは焦らず、エゴに時間を与えましょう。「A社と取引をしてガッツリ稼ぎたいんだよね。どうすればいいかな？」と質問を投げかけ、後は放置。そのことは忘れてしまって構いません。たとえ意識の表面から消えたとしても、心がエゴに尋ねた時点で、答えをキャッチするためのアンテナが立っているからです。

たとえ時間がかかってもエゴは答えを見つけ出し、心に伝えてきます。そしてアンテナがキャッチした答えは、なんの前触れもなく、私たちの意識に浮かんできます。

ふと思ったこと、ピンと来たこと、ポロッと口から出たこと……。これらは、心の質問に対する答えです。だから、見過ごしてはいけません。答えをキャッチしたら、必ずそれを行動に移しましょう。

エゴが提案する答えは、潜在意識から引っ張り出してきたもの

心の願いを叶えるためであれば、エゴは必ず正しい答えを導き出します。でもその答えは、エゴ自身が考えたものではありません。巨大なデータベースである潜在意識から引っ張り出してきたものです。

あくまでも私のイメージですが、私たちの心（＝魂）は宇宙の一部であり、何度でも生まれかわります。現在、西山として生きているのは、たまたま地球に遊びに来た心のひとつ。西山の人生が終わると、心は西山として得た経験を宇宙にもち帰ります。

その経験は宇宙のデータベースに取り込まれ、心はまた、別のだれかに生まれかわっていく。こうして膨大な数の心が、長い時間をかけて蓄積してきたデータベースこそ、私たちの潜在意識なのです。

エゴは心の求めに応じて潜在意識にアクセスし、適切な答えを探します。そしてヒントを見つけると、心に伝えてきます。それをキャッチしたときの感覚が、「ふと思う」であり、「ピンと来る」なのです。

エゴが探してきてくれた答えは、断片的なものであることがほとんど。心の質問に対する答えであることにさえ、気づけないことが珍しくありません。でも、**潜在意識から浮かんできたことは、必ず心の願いにつながっています**。

たとえば「この本を読んでみよう」とひらめいたから読んでみたけれど、参考にもならないし、おもしろくもない。あ〜あ、と本を閉じたら、裏表紙の写真で著者が同級生だったことに気づき、連絡をとってみたらA社との仕事につながった！　なんてことも起こり得ます。でも最初の段階で、「こんな本、仕事に関係ないし」と切り捨ててしまったら？　せっかくのヒントをムダにしてしまうことになります。だから、たとえ「なんじゃ、こりゃ？」と思うようなことでも、必ず実行に移してみてください。

思いつきを見過ごしてはダメ！

私の心が王座に戻ったのが、２０１８年の８月。その年の12月に、私はポロリと「家族で海外旅行に行くぞ！」と言っています。仕事は波に乗りつつありましたが、まだ旅行費用を用意できる確証はありませんでした。でも私は2か月後、20年ぶりの海外旅行を決行しました。家族と思う存分楽しむことができたし、その後は仕事もますます順調です。

願ったことが叶うのか、叶うことがわかっているから願うのか。

いろいろな考え方があり、どちらが正解なのか、私にはわかりません。**でも「ふと思った」「ポロッと口から出た」願いや決意が実現するのは事実だと思います。**私の転換ポイントとなった「オレ、稼ぐ」もそう。海外旅行だってそうです。

もしかしたら、どちらも「単なる思いつき」や「口から出まかせ」だったのかもしれません。だとしたら、思いつきこそ人生の羅針盤《らしんばん》！　思いつきが指し示す先には、自分の望む現実が待っている！　と言えそうです。

心を満足させるのはよい結果ではなく、夢中になる過程

幸せな現実を引き寄せるために、いつもよい気分でいよう。

ブログを始めた頃、私はこう決心しました。そしてその後、よい気分でいるためにさまざまな工夫や努力をしました。理由もなく感謝してみたり、苦手な人のよい面を探してみたり、楽しくもないのにガッツポーズをしながら大笑いしてみたり。当時は真剣でしたが、今思い出すと苦笑いすることしかできません。

私がズレた努力をしていたのは、「よい気分でいる」ことの意味がわかっていなかったからだと思います。どうすれば充実感や満足感を得られるのかを考えようとせず、むやみに気分をアゲようとしてしまったのです。でもこんな失敗をするのは、私だけではないのではないでしょうか。

自分のしたいことや好きなことがわからない、と言う人はたくさんいます。私自身、

ずっとそうだったのかもしれません。**でも今は、「好きなこと」や「したいこと」とは、「夢中になれること」なのではないかと思っています。**結果や周りの評価などは一切関係なく、ただ夢中になれること。時間を忘れて楽しめること。そして夢中でなにかをしているとき、私たちは間違いなく「よい気分」になっているはずです。

結果だけを求めても、現実を変えることはできない

カン違いしがちですが、「好きなこと」と「得意なこと」は違います。夢中になって楽しめるのが、好きなこと。大切なのは、「する」という過程です。「得意なこと」のように、人より上手にできるか、よい結果を出せるか、などは関係ありません。

たとえばゴルフが得意な人は、失敗すると気持ちが沈んでしまいます。でもゴルフが好きな人は、スコアが２００を超えようが、空振りと池ポチャを繰り返そうが、「ゴルフって楽しい！」と思える。「上手にできる自分」を誇るのではなく、「ゴルフをする」ことそのものを楽しんでいるからです。

結果に関係なく夢中になり、楽しめるのは、心がそれを望んでいるからです。心の

望みが「ゴルフをすること」なら、その過程を楽しむことに意味があります。楽しんだ結果がとんでもないスコアだとしても、心は大満足。でも、プレイする過程をすっ飛ばして優勝トロフィーを差し出されたら？　ピカピカのトロフィーや多くの賛辞が手に入ったとしても、望みが叶ったことにはならず、心は満足できないのです。

独立して会社を設立してから約12年間、私は資金繰りに苦しんできました。常に、効率よくお金を稼ぐことを考えながら仕事をしていました。でも、心からお金がほしいと思っているのに、業績は上がりませんでした。

流れが大きく変わったのは、心が王座に戻ったときからです。仕事の内容はそれまでと同じですが、得意先へのアプローチのしかたを大きく変えたことも理由のひとつだと思います。

それまでは経費をかけずに契約をとろうとしていましたが、今は私が好きな「人前で話す」ことを活かす方法に切りかえています。今のスタイルを、私は心から楽しんでいます。話すこと、伝えることに夢中になってしまうから、いつも時間がたつのがあっという間です。**好きなことができているために心が満足し、よい気分で過ごす時間が大幅に増えました。それに伴って、売上も大幅に増えました。**

心が望んでいなければ、夢中になることはできない

ブログ開始から半年ほどたった頃、私は自分に**「ガッツリ稼いでいるカリスマ経営者で、講演家としても活躍中」**というキャッチコピーをつけました。でもこの後も３年ほど、仕事は低迷。その理由は、心の声が聞こえていなかったからです。

「ガッツリ稼ぐ」というのは、心の望みです。それなのに私は資金繰りに追われ、ただ「お金がほしい」と願っていた。「稼ぐ」のと「お金がほしい」のは、似ているようでぜんぜん違います。だから心は満足できず、現実も変わらなかったのでしょう。

心が王座に戻ったとき、私は「オレ、稼ぐ」とつぶやきました。このとき心の願いに気づけたから、自分に合った稼ぎ方が見えてきました。そして日々の仕事に夢中になることで、売上という結果もついてきたのです。

私にとって大切なのはお金をもつことではなく、仕事をして稼ぐことだったようです。だから、宝くじで10億円当てるより、仕事で１００万円稼ぐほうがずっと大きな満足感を得られる！……はずです。

心配も反省も意味がない！「イマココ」を全力で楽しむ

以前の私は、会議中に必ず「内職」をしていました。パソコンでメモをとるふりをしながらメールを送受信したり、スケジュールをチェックしたり。もちろん自分では、内職をしながら会議もしっかりこなしていると思っていました。でも後から議事録を見ると、「あれ、こんなこと決まったっけ？」なんてことだらけ。

会議中は会議に集中したほうが効率も上がるし、会議の時間だって短くなるはずです。それがわからないはずはないのに、内職をやめようとは思わなかった。自分では「ながら会議」で、時間を有効に使っているつもりだったのです。

このメールには、すぐに返事をしておかないとマズい。

夕方までにこれをすませておかないと、締め切りに間に合わないかもしれない。

私の中ではエゴが常に取り越し苦労をし、起こるかもしれないトラブルを防ぐために、あれをしろ、これをしろ、と指示を出していました。私はエゴに従っていくつものタスクを同時進行し、先を読んであらゆる仕込みをしていました。いや、した「つもり」になっていました。

でも実際の仕事は、自分が思うほどスムーズに進みません。そして私は、うまくいかないことにいちいち腹を立てたり、がっかりしたりしていました。

エゴでものごとをコントロールしようとするのは、マイナスでしかありません。**そもそも、すべてを自分に都合よく動かすことなど不可能なのです。**おまけに、エゴにコントロールされるのは、自分にとって楽しいことではありません。

エゴ優位の在り方をやめるだけで、自然に気分よく生きられるようになる

エゴは、常に有事に備えています。心を守るために必要なことではあるけれど、先回りして心配ばかりしているため、楽しくはない。

仮に、最高の気分をプラス10、最低の気分をマイナス10として数値化した場合、エゴ優位で生きているときの「ふだんの気分」はマイナス2程度。心配したり緊張した

りしている状態がスタンダードになってしまっていました。

でも**心が優位になったときから、「ふだんの気分」がプラス2程度まで上がりました。**「心を守る」というエゴの役割は変わりませんが、本当はできもしないくせにすべてをコントロールしようとしていた立場からは解放される。本来のポジションに戻ったことで、エゴが「心に従っていれば、すべてうまくいく」という安心感を取り戻せるため、過剰な取り越し苦労をする必要がなくなったからでしょう。

つまり心を王座に戻すだけで、自動的によい気分になれる、ということ。エゴが優位でなくなれば、起こるかもしれない有事に備えて心配したり、うまくいかなかった過去を反省&分析したりする必要もなくなるため、気分は「高め安定」。そしてよい気分で過ごすことは、よい現実を引き寄せることにつながります。

心の求めに応じて、「イマココ」に集中する

カン違いしている人も多い……というより、私もカン違いしていたのですが、「よい気分」とは、モーレツに幸せ！　とか、楽しすぎてじっとしていられない！　とい

ったものではありません。もちろん、こういった気持ちも「よい気分」の一種ではありますが、24時間３６５日、こんな気分を保てるわけがない。

引き寄せにつながる「よい気分」とは、穏やかで安心した状態のことです。たとえば、浴槽につかって手足を伸ばしたときや、休日の朝、布団の中でまどろんでいるとき、じわ〜っと幸せを感じませんか？　あの瞬間こそ、まさに「よい気分」なのです。

よい気分になるために、特別なことをする必要はありません。大切なのは、心の声をキャッチし、一つひとつに応えていくことです。

心配性のエゴとは違い、心は常に「今したいこと」を求めてきます。心にとって大切なのは未来でも過去でもなく、「イマココ」だけだからです。

コーヒーを飲んでひと休みしたいな。

ハイキングに行きたいな。

久しぶりにA社のB部長に会ってみたいな。

どんなに小さな望みでも、できる範囲できちんと応えれば心は満足し、よい気分になることができます。つまり私たちがしなければならないのは、「イマココ」を楽しむこと。その瞬間の積み重ねが、幸せな未来へつながっていくのです。

心の声を聞くために思考を止める時間をつくる

だれにでも「許せないこと」や「苦手なタイプ」があるものです。もちろん、私にも。たとえば仕事上なら、「メモをとらない人」が苦手でした。そんな人と面談するとカチンと来てしまい、商談は10分で終了。メモをとらないような人と話をしても契約につながるわけがない！　と思い込んでいたからです。

でもあるとき、ふと思ったのです。もしかして、メモをとらない人はダメ！　と感じるのは、相手ではなく自分に原因があるのかもしれないな……。

私は、商談中にメモをとらない人が気に入らない。でもだからといって、その人との商談がまとまらないとは限らないのでは？　「相手が気に入らない→契約できない」と決めつけているのは、私の思考（＝エゴ）のクセに過ぎないのでは？

というわけで私は、不快に感じる人や行為を無意味な言葉に置きかえる実験を始めてみました。**たとえば「大切な商談中にメモをとらない人」ではなく、「商談中にパッパラパーのオッペケペーな人」と考える。**わけのわからない言葉にしてしまえばエゴが混乱し、「この人との商談はまとまらない」という結論に飛びつかなくなるだろうと思ったのです。

実験はなかなかうまくいき、繰り返すうちに、商談の相手がどんな人で何をしていようと気にならなくなりました。「メモもとらない人と仕事の話なんかできるか！」なんて力んでいた頃より、ずっと軽やかな気分で仕事ができるようになりました。今では、「こだわり」も「プライド」も「オレ流」も、全部いらないな、と思っています。結局は、どれもエゴの主張に過ぎないのですから。

瞑想で思考が止まったときに心の存在を感じた

自分の「エゴのクセ」に気づくヒントを与えてくれたのが、瞑想です。私はブログを始める1〜2年前から、ふとしたきっかけで瞑想をするようになりました。今でも、少ないときでも週に1〜2回、多いときは週に5回ほど行なっています。

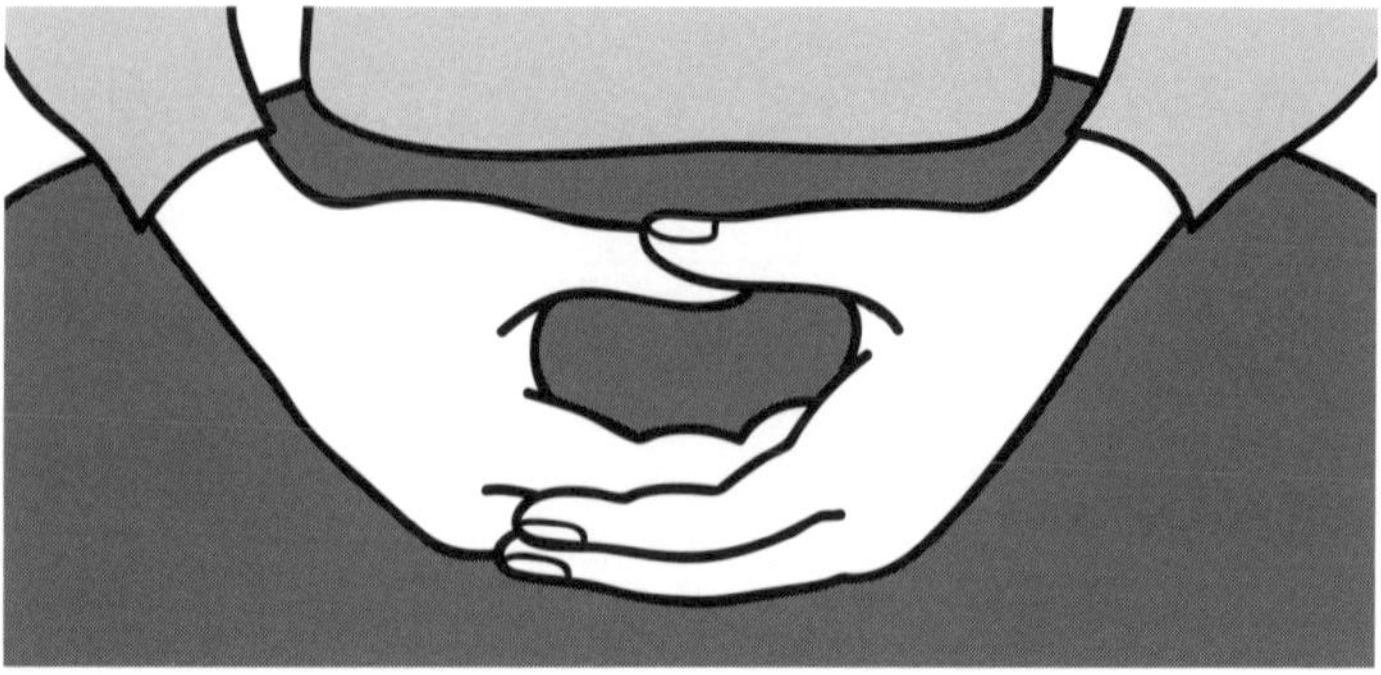

いろいろなやり方があると思いますが、私の瞑想法はとても簡単。

おおまかな手順は以下の通りです。

（1）電気を消して、部屋を暗くします。部屋は無音状態で。

（2）椅子に座って、背筋を伸ばし、姿勢を正します。

（3）ズボンのベルトを緩めて、首と肩を回してリラックスします。

（4）目を瞑《つぶ》ります。

（5）手は、座禅を組むときのように両方を重ねます（イラスト参照）。

（6）息は吸うときも吐くときも鼻呼吸で。3秒吸って、5秒吐きます。

（７）頭の中で思考がグルグル回ってきますが、とにかくスルーします。
（８）徐々に落ち着いてきたら、そのまま眉間《みけん》に意識を持っていきます。
（９）あとは「気分がいい」という状態まで続け、「もういいかな」と思ったら終了します。すぐに目を開けるとフラッとするので、目を閉じたまま首を回したり、手足をさすったりして、10秒ほど経ったら目を開けます。

僕はこれを会社の昼休みに15分から20分くらいかけて行ないます。不安を抱えているときは、１日２回のやることもあります。

とくに最初の頃は、座って目を閉じても雑念が浮かんでくるものです。あの資料はどこにあったっけ？　今日のランチは何がいいかな。そうだ、Aさんに電話をかけなければ……。それでも、できるだけ自分の呼吸に集中してみてください。

続けていくうちに、頭の中から言葉が消える、つまり思考（＝エゴ）が止まる瞬間がやってきます。するとすべてが透明になり、シーンと静かになる。感じ方は人それぞれだと思いますが、私の場合は深い水に潜ったときのような感覚です。同時に、穏やかな安心感に包まれます。

初めてエゴが止まった感覚を体感したとき、私は、考えることをストップした自分を、だれかが見ていると感じました。

エゴから解放された私を見ていたのは、私自身の心です。もちろん、そのときにはわかりませんでしたが。

それまでの私は、「エゴ＝自分」だと信じていました。生きている限り、思考（＝エゴ）が止まることはないと思っていたのです。でもこのときの体験で、自分の中には「エゴ以外の何か」も存在しているのかもしれない、とぼんやりと感じました。そして「エゴ＝自分のすべて」ではないのなら、エゴの声を弱めたり、クセをなおしたりすることもできるのでは……と考えるようになったのです。

瞑想にこだわらず、自分に合った方法で！

私が瞑想を続けているのは、エゴを止める時間をつくりたいから。短時間でもエゴを止めることで、心の声が聞こえやすくなるからです。

もちろん、エゴを止める方法は瞑想だけではありません。私にはたまたま瞑想が合っているだけです。たとえば妻の場合は、瞑想より歌。瞑想しても眠くなるだけだけれど、無心で歌っているときには、頭がクリアになる感覚があるそうです。

つまり思考が止まる感覚を味わえるなら、方法はなんでもいいのです。自然に触れる、深呼吸する、伸びをする、笑う……。個人的には、スポーツも！　ジョギング程度では効果はありませんでしたが、ひたすらダッシュを繰り返したときは思考が止まりました。もしかしたら、酸欠で頭が真っ白になっただけかもしれませんけど。

ワクワクしようとしない。ただ夢中になれることをする

「ワクワクするとうまくいく」「妄想したことは叶う」などと言われることがあります。それでものごとがうまくいくなら、願いを叶えることなんて簡単じゃないか！というわけで、もちろん私も、ワクワクするような妄想を試みたことはあります。

まず、仕事がうまくいく。売上が上がり、お金が入ってくる。そして借金をきれいに返済することができて、おまけに家族旅行にも行ける！

私の妄想は、おおよそこんな感じでした。でも幸せな未来を思い描いても、「イエス！　ワクワクしてきたぜ！」……なんて気持ちにはなりませんでした。

妄想で生まれるワクワクは、理由つきのものばかりです。「Aがうまくいくとなるから Bにワクワクする。さらにBはCになっていくはずだから幸せ！」なんて、いくらなんでもエゴを使いすぎ。**ワクワクする気持ちって、こんな理屈っぽいものではな**

いはずです。

つまり、妄想はエゴがするもの。心が望んでいることとは本質的にズレがあるので、喜びや満足感は得られないし、実現することもありません。

本物のワクワク感は、夢中になっているときに感じるものです。大好きで、楽しくてたまらないから、何時間でも続けられるし、徹夜したってつらくない。たとえ体が疲れても、すればするほど心が満たされるため、「もっと、もっと！」と思うのです。無理やり気分をアゲようとする妄想とは、ぜんぜん違います。

自分が好きなことなら、どんなに頑張っても疲れない

とにかく業績を上向かせたい！　と思っていた頃、私は「売上を5倍にする」という目標を立てました。売上を5倍にするためには、営業件数も5倍にする必要があります。となると、明らかに時間が足りない。数をこなすためには、どうするか？　そうだ、営業ステップの見直しだ！

エゴが設定した目標に向けて、エゴが決めたプロセスに沿って、私は必死で頑張り

ました。戦略を練り、計画を立ててコツコツ実行し、同時にパンフレットなどの営業ツールをつくり直してみたり、スケジュールの立て方を見直してみたり……。

それなのに、どんなにガリガリ仕事をしても、よい結果は得られませんでした。つらい時間が続き、私は疲れきってぐったりしてしまいました。

その数年後、心が王座に戻ってから、私は営業のスタイルを大きく変えました。これまでとは違うことをするわけですから、準備には手間もお金もかかるし、頭も使います。**「売上5倍」を目指したとき以上に大変でしたが、私はなぜか、ぜんぜん疲れを感じませんでした。**

その理由は、自分の好きなことをするためだったから、です。それまでの私は、とにかく売上を上げ、数値目標を達成することばかり考えていました。でもこのときは、「自分の好きな方法で」売上を上げようとしていたのです。つまり営業ツール制作も会場手配も、すべてが心の願いを叶えるためのものになったわけです。

実際の準備期間は2〜3週間でしたが、終わってみれば、ほんの数日だったかのように思えました。それだけ夢中になっていたのです。このときの感覚こそ、本物の「ワクワク」なんだと思います。

無理やりワクワクしようとするのは逆効果

よい気分は、よい現実を引き寄せるのに役立ちます。でも、だからといって無理やりワクワクしようとすると、エゴが「〜だからうれしい。〜だから楽しい」と理屈をこねはじめてしまいます。そしてエゴのコントロールが行きすぎると、以前の私のように、いきなりガッツポーズをとって大笑いしたり、一日中「ありがとうありがとう」とつぶやいてみたり、といった不審な行動にもつながりかねません。

よい気分は、頑張ってつくり出すものではありません。**ワクワクしないときは、そのままの状態でいればいいのです。**私たちはいつもハイな気分でいられるわけではないし、24時間、夢中で何かに打ち込めるわけでもありません。気分は上がったら下がるし、集中したら休憩が必要です。

「ワクワクしないと、幸せを引き寄せられない！」なんて焦っていると、エゴが動きはじめてしまいます。心が動かないときは、心が休んでいるとき。心の声が聞こえてくるまで、ぼんやり、まったり過ごしていればいいのです。

「いい人」や「デキる人」になろうとしなくていい

自分なりによい気分で過ごしているつもりなのに現実が変わらないと、「よい気分って、コレじゃないのか？」「このぐらいじゃ、ワクワク度が足りないのか？」などの疑問が湧いてきます。そんなとき、なんとか幸せな現実を引き寄せようとエゴが頑張りはじめると、進む方向を見誤ってしまいがち。とくに多く見られる間違いが、「いい人」や「デキる人」を目指してしまうことです。

いい人を目指すきっかけは、「反省」であることがほとんどです。よい現実を引き寄せられないのは、自分の取り組み方が悪いせいだ……。理屈が大好きなエゴはこの反省を踏まえ、「じゃあ、どうする？」と改善策を考えはじめます。「幸せになる」という目標に向けて、計画を立てるわけです。

そして導き出す答えが、「もっとよいことをすれば、よい現実につながるはずだ！」

というもの。「努力は必ず報われる」という、いかにもエゴらしい発想です。そして、コツコツと「よいこと」に取り組むわけです。

早起きして近所の掃除をしてみたり。お金がないのに募金をしてみたり。イヤな仕事を押しつけられても笑顔で引き受けてみたり。なんだか、妙にいい人ぶったことを始めてしまう。

もちろん私にも、覚えがあります。仕事相手の横暴な態度を受け入れて感謝までしたり、会社中をピカピカに磨き上げたり。とくにオフィスの掃除は、社員にとってはいい迷惑だったと思います。**勤務時間中、皆が仕事をしているそばで、社長がせっせと窓を拭いたりトイレ掃除をしたりしているわけですから。気が散るでしょうし、「掃除より仕事をしてくれよ！」と思っていたはず。**でも私は、よい行ないをすることでよい現実を引き寄せることができる、と思っていたのです。

よい行ないもイヤイヤしたのでは意味がない

よい行ないによって自分が楽しくなったり、幸せを感じたりするのなら、どんどんすればいいと思います。でもいい人になるために我慢している感覚があるのなら、無理をして続ける意味はありません。

私たちは、自分の感情と連動している「波動」に近いものを引き寄せます。だから、**よい気分で過ごしていると、よい現実が引き寄せられてくるわけです。**

大切なのは「何をしているか」ではなく、「どう感じているか」ということ。社会的によいとされていることでも、イヤイヤしていたのでは逆効果なのです。

自分や仲間が気分よく働くためにオフィスをきれいにするのなら、前向きで楽しい波動が出て、幸せな現実を引き寄せるでしょう。でも「金！　金！　金！」と思いながらトイレを磨いても、ドヨ～ンとした波動しか出てきません。当然、それに引き寄せられる現実だって、ドヨ～ンとして冴《さ》えないものになってしまいます。

「いい人」と「よい気分」は両立しない

引き寄せの決め手となるのは、行ないではなく感情です。だから自分の気持ちに背いてまで、いい人になろうとする必要はありません。

周りから「いい人」「デキる人」とほめられる人は、要注意です。こういった人に共通するのが、空気を読むのがうまいこと。場の雰囲気をこわさないように、常に気をつかっている。そして、だれかに不快な思いをさせたりするぐらいなら自分が我慢すればいい、などと思ってしまうのです。

周りの人にしてみれば、いつも場を和ませてくれたり、皆がイヤがる仕事を笑顔で引き受けてくれたりする人は、ありがたく、便利な存在。だから「いい人」「デキる人」などと評価するわけです。

でもこうした評価に満足しているのは、エゴだけ。本音を押さえ込んで他人に尽くすなんて、心が望むことではありません。

「いい人」「デキる人」になるほど、心は苦しくなっていきます。自分がよい気分になれないのなら、いい人ぶったことなんてやめてしまっていい。私たちが最優先するべきなのは、自分の心を喜ばせることだからです。

ほとんどの場合、「いい人」でいることと、「よい気分」でいることは両立しません。だから心を喜ばせることを優先しはじめると、「いい人」とは言われなくなります。**でも間違いなく、「魅力的な人」と思われるようになるはず**です。

自分に合わないことは手放していい

引き寄せに関する本やブログには、さまざまな方法が紹介されています。手に入る情報が多すぎるため、何から手をつけるべきか迷ってしまう人も多いと思います。

ブログを始めた頃の私も、やや頭でっかちな状態でした。でも、やらずに何かを逃すぐらいなら、ダメもとでやってみたほうがいい！　というわけで私は、ピンと来たものは片っ端から試していきました。**いろいろなことをしてみて思ったのは、とにかくやってみるのが大切、ということです。**頭で考えるのと、実際にするのとは大違い。そのときの感覚や感情を知るためには、自分で試してみるしかないのです。

新しいことを始めてみると、なんとなくしっくり来ないこともあります。その違和感は、心が求めることと、今していることがズレている、というサイン。だからそんなときは、無理をして続ける必要はありません。エゴには「三日坊主はよくない」といった価値観が刷り込まれていますが、はっきり言って、そんなのウソ。よい気分になれないのなら、とっととやめてしまって構いません。

私が長く続けていることのひとつが瞑想です。続ける理由は、瞑想によってよい気分になれるからです。反対に、試したうえでやめたことは数えきれないほどあります。**朝から元気に踊ってテンションを上げるとか、感謝日記とか、ラッキーナンバー探しとか。**やめた理由は、違和感を覚えたからです。

心を満たすためには「何をするか」ではなく、「何を感じるか」が重要。つまり、自分に合うことをすればいいのです。引き寄せにつながる方法に、正解・不正解はありません。気分がよくなるなら、続けてみる。違うかな？　と感じるならやめる。自分に合わないことを頑張って続けても、よい結果に結びつくことはありません。

手放すのに時間がかかったのは、金運アップにまつわる習慣

やめる、と言うのは簡単ですが、いったん始めたことや手に入れたものを手放すのは、なかなか勇気がいることです。私はわりと早い段階で、よい気分にならないこと

はやめてしまったほうがいい、と思えるようになりました。それでも、いったん始めるとやめられなかったことがあります。それが、金運アップにまつわる習慣でした。

たとえば、トイレ掃除。少し続けてみたけれど、とくにお金は入ってきません。でも、他のことのようにあっさりやめることはできませんでした。**「トイレ掃除をしていてこの程度なんだから、やめたらもっと金運が悪くなるかもしれない……」**と怖くなってしまったからです。

心が王座に戻ってからも、お金にからむ習慣は根強く残っていました。お札をそのままポケットに突っ込めるようになったのなんて、つい最近のこと。それまでずっと、向きをそろえて角をきっちり合わせ、なんなら番号順に並べかえて、うやうやしく長財布におさめていました。

小さな執着を手放す練習をしていく

物、習慣、考え方、立場、役割……。どんなものでも、自分にフィットしないものはもっていないほうがいい。頑張ってもち続けるとエゴが勢力を拡大し、心の声が聞こえにくくなってしまいます。

手に入れたものを手放したくない、という気持ちは、愛着ではなく執着です。**執着をなくすには、小さなものから手放していくのが一番です。**まずはウエストがきついけれど、やせたら穿《は》けるはず！　というようなパンツや、あると便利かも……とため込んだ紙袋などを捨ててみる。こうして日頃から練習しておけば、大きなものも「私には必要ないな」とあっさり手放せるようになります。

以前の私は、会社を大きくすることに執着していました。社員の数を増やしたい、立派なビルに事務所を構えたい、上場させたい……。経営がうまくいかなくなってからもずっと、会社が復活したら社員を増やそうと思っていました。

でも心の声を聞けるようになった今は、資金に余裕はできたけれど、すぐに社員を採用しようとは思っていません。ひとりで身軽に動き回り、好きな仕事をしたほうが楽しいことがわかったからです。

大きな会社の社長であることを喜びだと思っていたのは、エゴでした。心はずっと、のびのび働きたいと思っていたんでしょう。多くの社員を抱えるリーダー、という役割を手放したことで、私はとても自由になりました。

心が求めているのは「使命」ではなく「遊びのテーマ」

前にも書きましたが、数年前、私が自分につけたキャッチコピーは、「ガッツリ稼いでいるカリスマ経営者で、講演家としても活躍中」。これは、なりたい自分の姿ってどんな感じだろう？　と思ったとき、フッと浮かんできたものです。

実はこのキャッチコピーには、私の心が望むことがしっかり含まれています。おそらく、「本当の気持ちに気づいてよ！」という心からのヒントだったのでしょう。でも当時の私は、エゴ全開で生きていたため、目の前に差し出された貴重なヒントを見逃してしまったのです。

この頃は会社の資金繰りが厳しかったため、お金がらみのフレーズが出てきたのはうなずけます。**でも肝心なのは「稼ぐ」と言っていることです。**

会社を立て直すためには、とりあえず手元に現金があればいい。だから「金持ちのカリスマ経営者」でも、「宝くじを当てまくるカリスマ経営者」でもよかったわけです。それなのに、「稼ぐ」と言いきっている。**その時点で、ぜんぜん稼げていないくせに。なんの根拠もなく口から出てきたこの言葉は、きっと心が伝えてきたものだったのだと思います。**

気づいたときにしっくり来るものが心が求めているテーマ

したいことや好きなこと、なりたい姿を、自分で設定しようとする人がいます。でも残念ながら、本当の自分は「つくり上げる」ものではないような気がします。

子どもの頃、何に時間を費やしたか。これまでの人生で、何にお金を使ってきたか。こんな分析をしても、正解は見えてきません。過去や未来にまで目を向けて「何が好きなんだろう」「何ができるだろう」などと考えるのは、心ではなくエゴだからです。

キャッチコピーは、「目標」ではありません。自分本来の姿を表すものです。エゴにコントロールされて聞こえなくなってしまった、心からの訴えなのです。

だから、キャッチコピーに掲《かか》げたことが達成されても、「ついにやった！」なんて気持ちにはなりません。私自身は、まだキャッチコピーに近づきつつある……ぐらいの段階ですが、大きな達成感や高揚感はありません。それよりも、稼げるようになったことが「しっくり来る」という感じです。

キャッチコピーで浮かび上がるような「心が求めていること」が、「使命」と表現されることもあります。**でも私は、私たちには使命なんてない、と思っています。**だれかの役に立つとか社会に貢献するとか、心は、そんなことはまったく考えていません。心の願いは自分が楽しみ、その結果として周りも幸せにすること。そのための、遊びの「テーマ」を求めているだけです。

私たちの心は、宇宙から遊びに来ているもの。そして心の一つひとつが、テーマに沿って今世を生きようとしています。

テーマは、自分が楽しめるものならなんだっていい。日本酒のふたをひたすら集めたっていいし、日本中のナポリタンを食べつくしてやるぜ！　なんていうのもアリです。そして私のテーマは、「稼ぐこと」。稼ぐことを楽しむ西山としての人生を終えると、心は宇宙に帰り、「稼ぐ」ってこんな感じでした〜、ということをデータベースに落とし込む。**それが潜在意識となり、私たちの共有財産になっていくわけです。**

つまり稼ぐことも、日本酒のふた集めも、ナポリタンの食べ歩きも、価値はまったく同じ。一人ひとりが自分のテーマに合わせて、夢中になって楽しむだけで、私たちは十分に役割を果たしていることになるのです。

好きなことを細分化していくと、自分のテーマが見えてくる

自分のテーマに気づきたいなら、まずは夢中になれることに目を向けてみてください。夢中になれるほどのものがなければ、好きなことや楽しいことに注目します。そして、好きなことをさらに細分化してみましょう。

たとえば私は「営業が好き」と思っていましたが、よく考えると、営業のすべてが好きなわけじゃない。得意先を1軒ずつ回るのは面倒くさいし、飛び込み営業なんて大嫌いだし。結局、私が好きなのはプレゼンや説明会。さらに細分化すれば、**「人前で話すこと」**だったのです。

好きなことに気づくと、自然とそれを活かしたくなります。そして、自分が楽しみ、満足することができるほうへ進んでいけば、いつか自分のテーマにたどり着きます。

自己肯定感を高めることで心とのつながりを深める

心の声をキャッチするためには、自己肯定感を上げることも大切です。自分を認め、愛してくれると感じることで、心は思いを伝えやすくなるからです。

たとえば大きな契約をとり、上司にほめられたとします。あなたはどんな対応をしますか？　「いえ、たまたま運がよかっただけです」なんて言ってしまう？　その場合、自己肯定感を上げるチャンスを逃していることになります。

理想は、「ありがとうございます！」と受け入れること。それができない場合、口先では謙遜《けんそん》しても、内心では「やった！　さすがオレ！」と思っているならギリギリ合格ラインです。

でも中には、人から認められたりほめられたりすることを、まったく喜べない人もいます。大きな契約を決めたという事実があってさえ、「私なんてぜんぜんダメ」「課長がほめてくれるのは、もっと頑張れという意味だ」なんて思ってしまう。これまでの経験や育ってきた環境などの影響で、「ダメな私」と自分を卑下するような感覚がしみついてしまっているのです。

私たちは、自分の感情に近い波動をもつ現実を引き寄せます。だから、「ダメな私」と思っていると、現実もそれに見合うものになってしまいます。

よい現実を引き寄せたいなら、まずは自己肯定感を上げること。自分の価値を認め、**「私は、自分が望む未来にふさわしい人間だ」**と思うことが大切です。

自分をほめて自己肯定感を上げていたつもりが……

引き寄せを始めて間もない頃から、私は自己肯定感を上げようと、あれこれ試してきました。そのひとつが、「理由もなく自分をほめる」ことです。

何もしていなくても、「オレってスゲー！」と自分をほめる。自己肯定感を上げる方法として、基本は合っていると思います。でも、惜しい！　当時のやり方には、残念&決定的な間違いがありました。

私は「オレってスゲー！」の後に、必ずひと言つけ加えていたのです。オレってスゲー！　なぜなら、定時に出勤できたから。なぜなら、２時間笑顔で過ごせたから。「理由なくほめる」と言っておきながら、しっかり理由をこじつけている。

エゴ全開だった頃の私にとって、「当たり前のことをしただけでほめられる」なんて、どう考えてもあり得ないことでした。おまけに、これまで理由なくほめられた経験がないため、いきなりほめられるとなんだかムズムズしてしまう。だから、とりあえずほめた後、エゴが理由をくっつけてしまっていたのだと思います。

自分の在り方を認め、自分で自分を愛すること！

私のイメージする自己肯定感とは、「私にはできる」という自信です。根拠がなくても自分の中から湧いてきて、他人の評価によってぐらつくこともありません。

私たちは本来、自己肯定感の高い存在です。でも、さまざまな場面でエゴが口出しすることによって、本質的な自信が徐々に揺らいでいってしまう。そしていつの間にか、自分が自信をもっていたことさえ忘れてしまうのです。

私はずっと、支払いの時期である月末が怖かったし、まともに支払いができない自分をダメ社長だと思っていました。でも引き寄せを続けるうちに、少しずつ自分への評価が変わってきました。

他人から見れば、支払い期日を守れないのはダメ社長かもしれません。でも私は、お金があるのに払わないわけじゃない。本当にお金がないだけだ！　私が精いっぱい頑張っていることは、私自身が知っています。だから、自分をダメ社長だなんて思わなくていいんじゃないか……。

自分の在り方を認められるようになってから、他人の評価が以前ほど気にならなくなりました。そして「借金を完済できる！」という自信も、少しずつ取り戻していけたような気がします。

「売上を上げたからすごい」「頑張っているからエラい」なんて、どれもエゴの言い分です。「なぜなら……」なんて必要なし。**「オレってスゲー！」だけでいいのです。だって、自分の存在そのものが「スゲー！」から。**

自分の在り方を、ありのままに認めること。そして、自分で自分を愛すること。

「愛してるよ、オレ！」と伝えるだけで、心は満たされます。

マイナス感情も抑え込まずに感じきる

エゴが優位の状態で生きていると、無意識で感情を選択してしまいがちです。とくに怒りや悲しみなどのマイナス感情は、押さえ込んでしまう人が多いのではないでしょうか。表に出さないだけでなく、「怒っちゃいけない」「落ち込んじゃいけない」などと、感じることにさえ罪悪感を覚える人も少なくないと思います。

以前は私も、ものごとの肯定的な面だけを見て「よい気分」になろうと思っていました。電車で押されたら、「この人も押されたんだろうな」と相手に同情してみる。支払いを待ってもらう電話をする前には「バンザーイ！」なんて叫んで気分をアゲてみる。今考えると……ウソばっかり！

つらい、悲しい、ムカつく……。自分にとってつらい感情は、心からのSOSです。だから、絶対に受け入れたほうがいい。エゴの価値観に惑わされ、「そんなこと思っちゃダメ！」と叱ったり、理屈をこねてごまかそうとしたりするのは、百害あって一利なし。助けを求めたのに対応してもらえなかった……と心がすねてしまうだけです。

感じきったことで、支払いの恐怖が弱まった

感情はエネルギーです。発散しなければ、たまっていきます。「そんなこと思うもんじゃない」なんてふたをしていると、圧が高まり続け、爆発することもあります。だから感じたことは、どんなものであっても外に出していい。喜びや楽しさだけでなく、ネガティブな感情も、すべてです。感情の出し方にはいろいろな方法があると思いますが、**私にとって有効だったのは、「感じきる」ことです。**

私はずっと、支払いの恐怖に悩まされていました。月末が近づいてくると、怖くてたまらなくなる。自分は誠実に頑張っているんだから、これでいいんだ！　と思ってみても、どうしようもない恐怖に襲われることがありました。そしてあるとき、我慢するのをやめてみよう、と思ったのです。

寝室に鍵をかけて閉じこもり、布団に潜って、気持ちを解放してみました。怖い、

怖い、怖い……。つぶやいているうちに、本当に背筋がゾッとするような恐怖を感じ、全身に脂汗《あぶらあせ》が流れてきました。**そして気づいたら、泣きながら怖い！　怖い！　と絶叫していたのです。**

そんな状態が続いたのは、2〜3分だったと思います。感じきったことで、恐怖感がスーッと流れ去ったような感覚がありました。そしてそれ以降、月末が以前ほど怖くはなくなりました。

ネガティブな感情の理由を知り、エゴのクセをなおしていく

恐怖や怒り、不安といったマイナス感情は、エゴのクセから生まれることが多いように思います。

たとえば私は、声をかけたときに反応がないことがとてもイヤでした。洗いものをしている妻に呼びかけたとき、返事をしてくれないだけでムカッ。水の音で私の声が聞こえなかったんだろうとわかっていても、怒りが湧いてきてしまうのです。

いつものように、返事をした・しないで妻とけんかをしたとき、私は布団と枕に向

かって怒りを発散してから、なぜこんなに腹が立つのか？　を考えてみました。

そこで浮かんできたのが、中学時代、ちょっとしたトラブルから友人に無視されたときの記憶です。おそらく私のエゴには、「反応がない→悪意をもって無視された」と結びつけてしまうクセがあったのでしょう。

怒りの原因に気づいたことで、エゴのクセはだいぶおさまりました。今では、妻の返事がないときは、おとなしく少し待ってからもう一度呼びかけています。「聞こえなかっただけで、無視しているわけじゃない」と思えるようになったら、怒りが湧いてこなくなったのです。

心からのSOSを受け取ったら、まずはその感情を感じきること。そしてその後、エゴを発動させて「なぜこんな風に感じたのか」を分析してみてください。自分が感じるつらさの原因を知ることは、エゴのクセをなおすことにつながるはずです。

また、ふだんからすべての感情を受け止め、感じきっていれば、不快感やわだかまりが長く残るようなこともなくなります。**今の私は、電車で押されたら「イテッ！押すなよ！」と思います。でも押した相手に対するいら立ちは、「イテッ！」と思うのとほぼ同時に消えていきます。**

背伸びをせずになりたい自分になってみる

「ガッツリ稼いでいるカリスマ経営者で、講演家としても活躍中」。このキャッチコピーを決めたとき、私はガッツリ稼いでもいなければ、カリスマ経営者でもありませんでした。講演だって何度かしたことがある程度で、とても「講演家」を名乗れるレベルとは言えませんでした。

自分につけるキャッチコピーは、そのときの姿ではなく、なりたい姿を表すもの。だから、何を言おうと自由です。私の場合、数年がかりでようやく、思い描いた姿に近づいている手ごたえを感じられるようになりました。

でも同時に、キャッチコピーを決めた瞬間から、私は「ガッツリ稼いでいるカリスマ経営者で、講演家としても活躍中」であり続けていました。結果が伴わなかったので、他人にはまったくわからなかったと思いますが。

エゴではなく心で、自分のしたいことを思い描く

引き寄せの法則のひとつに、「なりたい自分になる」というものがあります。簡単に言えば、したいことを我慢したり後回しにしたりせず、とりあえずしてしまえばそれに見合う現実が引き寄せられる、といったような考え方です。

でも、この法則でいちばん大切なのは「したいことをする」という部分です。心が本当に求めていることでなければ、どんなに先取りしてみても効果はありません。

たとえば、今はまだくすぶっているけれど、これからお金持ちになりたいからと、高価な服を身に着けて、昼間からホテルのラウンジでシャンパンを飲む……なんてことをする人がいます。洋服にお金をかけるのも、ホテルで飲むシャンパンも、本当に望んでいるのなら引き寄せにつながるし、自分も心から楽しめるでしょう。でも、「お金持ちって、こんなことをするんだろうな」と勝手なイメージをつくり上げ、それに合わせて行動してしまっている人も少なくありません。

リボ払いで高価な服を買い、お財布の中身を気にしながらたいして好きでもないシ

ャンパンを飲む。こんな時間を楽しめる人は少数派のはず。少なくとも、私には無理です。着なれない服は落ち着かないし、**シャンパンをオーダーしながら「ビール3杯分か……」などと計算してしまいそうです。**そして楽しめないということは、心が満たされていないということ。つまり、心の願いを叶えていないということです。

こうしたズレが生じるのは、エゴが働いているからです。お金持ちの自分がどうしたいかではなく、お金持ちのイメージを優先してしまう。つまりいつの間にか、「周りからお金持ちに見られること」を目指してしまっているのです。

できる範囲のことから、心の願いを叶えていく

なりたい自分になるためには、心の声にしっかり耳を傾けてみることが必要。そのうえで、背伸びをせずに願いを叶えていけばいいのです。心が求めるものの中には、今の自分には手が届かないものもあるでしょう。そんなときはいったん受け入れてから、できる範囲で代替案を出していけば十分です。

キャッチコピーを決めてからの私は、常に「ガッツリ稼いでいるカリスマ経営者で、

講演家としても活躍中」である男として振る舞ってきました。でもホテルでシャンパンを飲んだわけではなく、日常生活の中での選択基準を「ガッツリ稼いでいる自分だったらどうするか？」に変えただけです。お金持ちだって、24時間高価な服を着ているわけではないし、毎日ホテルでシャンパンを飲んでいるわけではありません。だから、ガッツリ稼いでいる自分が定食屋に入ったら何を頼むか？　スーパーに行ったら何を買うか？　と、目線を変えて見直すようにしてみたのです。

なりたい自分として生きてみると、物の見え方が変わってきます。スーパーで鶏肉を買ったとき、「ありのままの自分」だったら、安いから選んだと感じたでしょう。でも「稼いでいる自分」になると、ボディメイクのためには低脂質&高タンパクの鶏むね肉が最適なのだ！　という気持ちになれる。そして１００％とは言えないけれど、願いを叶える努力をしてもらえたことで、心も満たされます。

会社を順調に経営できるようになってきた今、私は数年前より確実に稼げるようになっています。**でも最近私が買った服は、以前と同じ1990円のポロシャツです。我慢したわけではありません。ファッションに興味のない私にとって、その服は本当にほしいもの。買ったことで、とてもよい気分になれました。**

豊かに生きるための4ステップ

私の場合、引き寄せに本気で取り組みはじめてから現実が動きはじめるまでに3年以上かかってしまいました。でも今は、日々、穏やかな豊かさを実感しています。いつも気持ちが軽やかで、胸のあたりにはフワッとした温かさを感じます。

心とエゴが本来のポジションに戻ってから、現実が大きく変わっていきました。変わりはじめてからのスピードは、自分でも驚くほどです。でもこうした変化は、ひとつのきっかけだけで起こったものではないと思います。**それ以前の積み重ねがあったからこそ大転換が訪れ、それを自分なりに活かすことができたのではないか？ と感じています。**

自分がしてきたことや感じてきたことを振り返ると、経済的にも精神的にも豊かさが流れ込んでくるようになるまでには、大まかに4つの段階があったように思います。

ステップ1　エゴのクセをなくしていく

以前の私は、完全にエゴ主導で生きていました。心の声が聞こえないのはもちろん、「エゴ＝自分自身」と信じていたのです。でも、ふとしたきっかけで瞑想を始めたことから、エゴ以外の自分である心の存在に気づきました。そして、心こそ本当の自分であることも知りました。

それ以降、私は思考（＝エゴ）のクセをなくすことに取り組むようになりました。怒りや不安といったマイナス感情は、思考の偏ったクセによって生まれるのではないか、と思ったからです。

最初は、クセをなくしていけばエゴそのものが消える、と思っていました。でもいろいろなことを試し、本などでも学ぶうちにわかったのが、**エゴが消えることはない、**ということ。そこで、大切なのはエゴを上手に使うことだ、と気づいたのです。

その頃から心がけていたのが、自分の気持ちを感じきることです。ネガティブな感情も打ち消さずに受け入れ、その後、エゴを発動させて「なぜそう思ったのか？」を考える。この方法を取り入れたことで、毎月の支払いの恐怖や仕事がうまくいかないことへの怒りなどが薄れていきました。その結果、借金はぜんぜん減っていないけれど、だいぶ生きやすくなりました。

ステップ2　よい気分で過ごし、心の声に従う

自分の人生の目的は、心だけが知っています。エゴが得意なのは段取りを組んだり、分析をしたりすることだけ。つまり、自分らしく生きるためには、心の声をきちんとキャッチする必要があります。

心の声を聞くためには、よい気分で過ごすことが大切です。そして心の声に気づいたときは、どんなに小さな願いでもしっかり受け止め、できるだけ叶えるようにする。これを繰り返すことによって、少しずつ心の声が聞こえやすくなっていきます。

最初の1～2年間、私は「よい気分」の意味を正しく理解していませんでした。**そのため、やたらといい人ぶって感謝を乱発してみたり、気分をアゲるためにおかしな行動をとったりしたこともありました。**本当の意味でのよい気分とは、好きなことを

して心が満たされているときの状態なんだ……。そう気づくまでに、だいぶ時間がかかってしまいました。

ステップ3　「決める」こと

実際は「決める」より「降参する」と言ったほうが近いかもしれません。

「決める」とは、選択することではありません。エゴが考え出した選択肢の中から、エゴが比較検討してどれかを選んでも、心が満足する答えが出るはずはありません。

実際に自分の進む方向を決めるときは、選択肢などなく、「もう、こうするしかない」「自分にはこれしか残されていない」と追いつめられるような感覚を覚えます。ここまで厳しい状況になって、初めてエゴが降参するのです。

私の場合は、息子のための学資ローンを断られたとき、やっとエゴがギブアップしました。これまでずっと主導権を握ってきたけれど、こればかりは自分の力ではどうにもできない……と認め、エゴが王座から降りたのです。

その瞬間、心が本来の居場所である王座に戻りました。そして「自分で稼ぐ！」という方向を示してくれたのです。

ステップ4　受け取る恐怖に負けない

引き寄せの最後のハードルが、「受け取る恐怖」です。これはおそらく、だれもが体験することだと思います。

現実がよい方向に動きはじめると、エゴが最後の抵抗をしはじめます。私の場合、ずっと「売上を上げたい！」と願ってきましたが、実際に売上が上がりはじめたとき、「こんな幸運が続くわけがない。この後、絶対によくないことが起こる！」という気持ちになってしまいました。そのときの気持ちは、紛れもない恐怖です。背中がゾワッとするような感覚を、今でも覚えています。

でも、ここでエゴの声に屈してはダメ。望むものは「もらって当然のものだ！」と、すべて受け取ってください。そのうえで、**「もっと、もっと！」と願うことが大切です**。私が受け取る恐怖を無事に乗り越えた後、会社の売上が前年比5倍を超えるまではあっという間でした。

第3章

誤解だらけの「引き寄せ」の法則

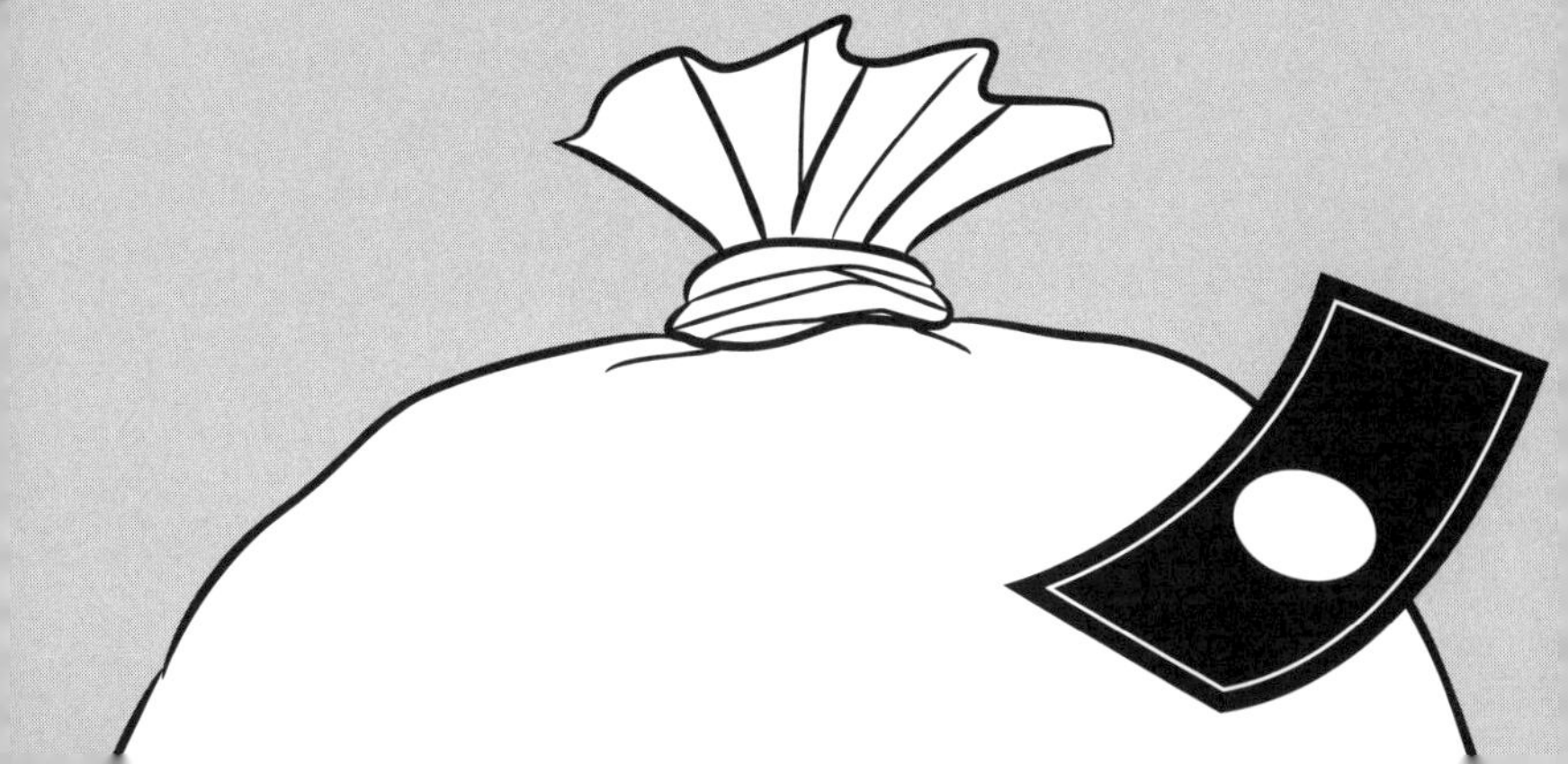

引き寄せのキーワード正しく理解していますか？

専門的なことを調べていくと、独特の用語が出てくることがありますよね。他の分野では耳にしない業界用語のようなもののほか、一般的な言葉でも、その世界特有の意味をもっていたり、独特のニュアンスを含んでいたりすることもあります。スピリチュアルの世界にも、もちろん同様の言葉があります。

私は引き寄せに興味をもってから、さまざまなことを試してきました。そのために、本やブログからたくさんの情報を仕入れました。引き寄せへの取り組み方は人それぞれですが、ベースとなる考え方はほぼ共通しています。そのため、よく出てくる「キーワード」のようなものがあります。

同じ言葉であっても、解釈や表現のしかたはさまざまです。また、絶対に正しい答えがひとつだけ存在する、というものでもないように思います。

意味や目的を理解してから、引き寄せに取り組んだほうが効率的！

数年かけて引き寄せに取り組んできた過程で、私は数えきれないほどの失敗をしました。**そして失敗した理由のひとつが、言葉の意味や説明の解釈が間違っていたからではないか、と思っています。**

たとえば「よい気分でいること」を「よい気分を選択すること」とカン違いしていたことなどがよい例です。カチンと来た気持ちをエゴで押さえ込んでつくり笑いを浮かべたり、朝からにぎやかな音楽を流してノリノリ（のフリ）で踊ってみたり。

同じ行動でも、どんな気持ちでするのか、なんのためにするのか、などによって効果が出る可能性が変わってきます。だから引き寄せに取り組むなら、まずは自分のすることを正しく理解しておくことが大切なのです。

引き寄せの法則によく出てくるキーワードのうち、これまでに実践したものについて私なりの解釈をご紹介します。もちろん、絶対的な正解というわけではありませんが、カン違いによる遠回りを避けるための道しるべになればうれしいです。

誤解その1　受け入れる

自分の人生を受け入れる。

こう言うと、なんだか無気力に聞こえます。いろいろなことをあきらめてしまったようで、少し寂しい感じがしませんか？

すべてを受け入れるのが正解なのだとしたら、仕事がうまくいかず、お金に困っていた私は、なんとかしようとジタバタせずに「お金で苦しむことについて学ぶのが、私の人生のテーマだ」と、じっと耐えるべきだったのでしょうか？

望んでいないことまで甘んじて受け入れるなんて、想像するだけで、ハートが冷たくなるような感覚があります。そしてこの感覚は、心が満足していないサインです。「そんなことを受け入れるなんて、望んでないよ！」と伝えてきているのです。

つらいこともすべて受け入れる……なんていうのは、エゴのひとりよがりです。

「つらいことにもじっと耐える自分は、立派な人に見えるはずだ」などと勝手に計算し、心の声を押さえ込んでしまっているだけです。

つらいことはだれにだってある。つらいのは自分だけではないんだから、耐えるのが当然だ……。**こんな風に達観した人のようなフリをするのは、受け入れていることにはなりません。**エゴにコントロールされ、無理やり我慢しているだけです。

人生ではなく、自分の心を受け入れる

「受け入れる」ことが必要なのは人生の悲哀ではなく、自分自身の心です。エゴ主導の生き方に慣れてしまっていたとしても、心の声をキャッチすることができたときは、絶対に無視してはいけません。

エゴが押さえ込みにかかってもそれには負けず、自分のしたいことをする。心が示す方向へ素直に進んでいく。これが「受け入れる」ということです。

心は常に喜びを追求しています。だから、最初は「トイレに行きたい」でもいい。心の声を受け入れれば、現実も喜びや幸せで満ちたものになっていきます。

誤解その2　アファメーション

アファメーションとは、自分に対するポジティブ宣言のこと。ビジネスセミナーなどで行なわれることもあるので、試したことがある人も多いのではないでしょうか。

アファメーションのポイントは、「～をしたい」「～になりたい」ではなく、「私は～だ！」と断定することです。

私は豊かだ。

私はいつも明るい人間だ。

私は自信にあふれている。

宣言する内容は、自分を肯定するものであればなんでも構いません。

私がアファメーションに初めて取り組んだのは、引き寄せを始めるより前のことです。売上を上げたい、仕事をうまく回したい、という気持ちから、あくまで自己啓発のために行なっていました。

そのときはしばらく続け、引き寄せを始めてからも一度試してみたのですが、残念ながら効果を実感することができず、いつの間にかやめてしまいました。

アファメーションには、自分を洗脳するぐらいの気合いが必要

私にはフィットしませんでしたが、アファメーションそのものに効果がないわけではありません。アファメーションの狙いは、思考のクセをなくし、自分の信念を書きかえること、と言われています。ただし、これまでずっと信じていたことを打ち消し、新たな価値観を植えつけるためには、自分を洗脳するぐらいの勢いが必要です。**「ポジティブなことを言っておけば自然に叶う」というものではないのです。**

私には、自分を洗脳するより心の声を聞くほうが合っていたようです。すべての感情を味わい、心の声をキャッチしたら、可能な限り従う。このほうが簡単で、確実に効果を実感することもできました。

誤解その3　トイレ掃除

トイレ掃除をすると金運が上がる。

引き寄せにそれほど興味がない人でも、聞いたことはあるのではないかと思います。そしてかなり多くの人が、取り組んだことがあるのではないでしょうか。

もちろん、私だってガッツリ！　2～3年間、真剣に続けていました。掃除グッズもいろいろ買い込み、毎週日曜日には自宅のトイレを隅々までピカピカにして、さらに毎朝欠かさず掃除して……。もちろん掃除をしているときは「お金入ってこ～い」と念じていました。

しばらく続けても効果は感じられず、私はトイレ以外にも掃除の範囲を広げていきました。週末になると3～4時間かけて家中を磨き上げ、それだけでは飽き足らず、勤務時間中に会社のトイレ掃除をしたり、窓ふきを始めてみたり。

当時、自宅を訪ねてきた人は、口をそろえてほめてくれました。本当にきれいなお宅ですね。いつ来てもショールームみたいですね……。でも、お金は入ってきませんでした。**私が欲しかったのは、ほめ言葉ではなく収入だったのに！**

掃除をやめても、金運がさらに下がることはない

金運は上がらず、掃除がストレスになってきたため、ある時期に過剰な掃除はやめました。やめるまでに時間がかかったのは、やめることが怖かったからです。トイレ掃除をしても金運が上がらないのに、やめたら今以下になるのではないか……。そんな不安があったのです。**でも、やめた後も金運は横ばい。そして、掃除をやめた1年後ぐらいから人生が好転していきました。**

無心にトイレを磨くことは瞑想に似た効果がある、と言えなくもないですが、私の場合は、瞑想そのもののほうが自分に合っているようです。もちろん、トイレ掃除をするとよい気分になれる人は、続けるとよいと思います。でも、トイレ掃除と金運に因果関係はないのかな？　というのが私の実感です。

誤解その4　宇宙におまかせ

私は、初めて行く場所でおいしい店を見つけるのが得意です。下調べをしていくわけではありませんし、その場でグルメサイトを検索するわけでもありません。「宇宙におまかせ」することで、おいしくて雰囲気もよいお店に入ることができるのです。

ただし「宇宙におまかせ」とは、何もせずに丸投げすることではありません。自分で行動を起こさなければ、現実が変わることはないからです。

かと言って、目標を決め、それを達成するためにできる限りの努力をする！　ということでもありません。予測、計画、比較分析、検討……。これらはすべて、エゴ主導で行なわれることです。エゴにコントロールされていたのでは、心は満たされず、よい現実を引き寄せることもできません。

私が考える「宇宙におまかせ」とは、エゴのコントロールから抜け出し、心の声に従うことです。私たちの心は、宇宙の一部。つまり、一人ひとりの心の声こそ、宇宙の声なのです。

心の声に従えば、自分にとって最良のものに出会える

店探しをするとき、私は「おいしいものが食べたいな」という心の思いを受け止め、あとは心が導くままに進んでいきます。それらしい店が見えても「ここだ！」なんて早合点せず、ピンと来ないなら素通り。「この先にはもう、店はないかも……」なんていうエゴの声は無視します。そして、次の角を曲がってみようかな？　などのインスピレーションに従っていくと、いずれは心が「ココ！」と訴える店に出合います。

こうして選んだ店が「ハズレ」であったことは、これまでに一度もありません。

もちろん「宇宙におまかせ」することができるのは、おいしい店探しだけではありません。私の例で言えば、いちばんわかりやすいのが仕事でしょう。「稼ぐ」という心の声をキャッチし、宇宙におまかせするようになってから、会社の売上は一気に増え、その後も順調に伸びています。

誤解その5　あるものを数えて感謝する

ブログを始めた日、私は「今あるものに感謝」しています。オフィスがあること、自社を気に入ってくれる取引先があること、新規の問い合わせがあったこと……。この記事を書く直前に読んだ本に「あるものを数えて感謝するとよい」とあったので、引き寄せ初心者である私は、愚直に実践してみたのです。

今になればわかりますが、私のしたことは完全にNGです。**あの頃に戻れるなら、「それ、意味ないから！」と自分に教えてあげたい。**

私がしたことは、感謝でもなんでもありません。

オフィスがあってよかった＝いつ追い出されるかわからない。気に入ってくれる取引先があってよかった＝気に入ってくれるだけで売上につながらない。新規の問い合わせがあってよかった＝問い合わせだけで、契約できたわけではない。

受け止めきれない不安や不満を、エゴの力で「よいこと」だと思い込もうとしていただけです。感情にふたをして理屈でごまかし、心の声を無視していたのです。

感謝するためにエゴを使うと、心の声が聞こえなくなる

「ある」を認識することは、とても大切です。エゴを使わず、ありのままの現実を受け入れることが、私たちの本来の在り方だからです。「感謝する」ことも、とても大切です。自分の心や身近な人など、感謝する対象はたくさんあります。

ただし、どちらも大切なことだから、とふたつをくっつけてしまうと、マイナスの効果を生んでしまうのです。

ブログを始めた日、私が本当に望んでいたのは、社員たちと笑顔で仕事をすること、気分よく仕事ができる取引先とつながること、売上が増えていくこと、でした。でもその気持ちを押さえ込み、ズレたやり方で感謝をしたつもりになっていたわけです。これでは、心は空《むな》しいままです。……私はこんなことをしていたから、現実が変わるまでに３年以上かかってしまったのですね。

誤解その6　足るを知る

「足るを知る」という言葉に出会ったのは、独立し、会社が傾き出した頃。私はまだ、引き寄せに取り組んでいませんでした。宇宙の法則について学んでもいなかったため、私は十分に調べもせず、自己流でこの言葉を解釈してしまいました。

当時の私の考えでは、「足るを知る」の意味は大きくふたつ。まず、今の自分で十分に幸せなのだと受け入れること。そして、「もっともっと」と望む心が苦しさを生み出す、ということです。だからこそ、欲を出さず、毎日を淡々と生きることが大切なのだ、と思っていたのです。

「足るを知る者」には、豊かさが流れ込んでくる

でもその後、引き寄せに興味をもち、宇宙の法則について学ぶうちに、自分の間違いに気づきました。借金があるのに「十分に幸せ」と思い、支払いに当てるお金が足りないのに「もっと」と望んではいけない……。なんだそりゃ？　苦行か？　私たちは、つらい現実から学ぶために生まれてきたわけではないのでは？

というわけで、あらためて「足るを知る」の元ネタである老子の言葉を調べてみたのです。すると……。

「知足者富（足るを知るものは富める）」とある！　では「足るを知る者」とは？

あくまで私の解釈ですが、「足るを知る」とは、「本来の自分に気づく」ということではないかと思います。

エゴ主導の生き方をやめて本来の自分らしく生きはじめると、豊かさが流れ込んでくる……。私が正しく理解できていなかっただけで、老子の言葉は、ちゃんと宇宙の法則に則っていたのです。

心（＝魂）の目的は、自由を前提に、喜びを追求し、成長していくことです。我慢したり、自分の感情にふたをしたりする必要はありません。心に従って自分らしく生きることが、豊かになる近道なのです。

誤解その7　執着を手放す

よい現実を引き寄せるためには執着を手放すことが必要、とよく言われます。でも言葉を表面的にとらえてしまい、本質を理解していない人も少なくありません。

叶えたいことを強く願ったら、そのことは忘れてしまう。するとあるとき、すでに願いが叶っていることに気づく。

こういった解釈は、大間違いです。手放すのは、「願いを叶えたい！」という執着ではなく、そもそもの願望の「理由」となっていることへの執着です。

長い間、私は「売上をアップしたい！」と思ってきました。なぜなら、取引先への支払いがあるし、社員には給料を払わなければならないし、家賃や光熱費や……。

私の願いの「なぜなら」以降が、願望に対する執着です。そして執着はすべて、エゴが考え出したものです。

エゴの動きを止め、純粋な願いと向き合う

執着を手放すとは、エゴの活動を止めることです。

たとえどんなものでも、願望が心から出たものであれば、心の声に従うことで叶えることができます。でもエゴが活発に働いて主導権を握っている間は、心の声が聞こえにくくなってしまいます。

仮に聞こえてきても、エゴがすぐになんだかんだと難クセをつけてきます。そんなの無理に決まってる、失敗したらさらに状況が悪くなる……。そのため、心が望む通りに行動することが難しくなってしまうのです。

でもエゴの活動を止めてしまえば、心の望みに集中することができます。「取引先への支払いが」「社員への給料が」なんて、どうでもいい。もっともらしい理由をつける必要なんてありません。

ただ純粋に、「売上をアップしたい！」と思うことが大切なのです。**感覚的には、「思う」というより「願う」に近いかもしれません。**

自分に合った方法で、心の声を聞く練習を重ねる

私の場合、エゴの活動を止めるために有効なのは、瞑想です。瞑想以外なら、呼吸に意識を集中したり、自然に触れたり。また、心の領域である女性性を高めることも、エゴを抑えるのに役立ちます。方法は人それぞれですが、目安となるのはキュンキュンすること。キュンキュン経験が少ないであろう男性のために説明するなら、かわいいものに接したり、理屈抜きで大好きなことをしたりするときの感覚です。

エゴの活動が止まると、純粋に「売上をアップしたい！」と思えるようになります。さらに「売上が上がって当然」という感覚も芽生えるはずです。

ただしエゴは、いったんおとなしくなっても、機会があればすぐに出しゃばってきます。そんなときはまた、瞑想したりキュンキュンしたりすることで、エゴを止めてください。これを根気よく繰り返すうちに、純粋に「もっともっと」と願えるようになります。心の声をキャッチしやすくなり、それに従って行動することができるようになると……現実が一気に動き出します。

第4章

社長おすすめ
これをやったら
うまくいった！

おすすめその1　口角を上げる

仕事が忙しくなってくると、私の中でエゴが暴走しはじめます。分析、比較、検討、予測、計画といった実務は、エゴの得意分野。自分の出番だ！　と張りきり、調子にのって主導権を握ろうとするのです。

エゴが動きはじめると、無意識のうちに眉間《みけん》にシワが寄り、不機嫌な顔に。妻には、**「エゴが走り回っているときは、口角が下がってるよ！」**と指摘されました。

こんなとき、場所と時間があれば瞑想をするとよいのですが、それができないときにもっとも効果的なのが**「口角を上げて目尻を下げる」**ことです。

忙しくて怖い顔になってしまっているときは、とりあえずこの表情をつくってみてください。それだけで脳が「快」のサインを受け取るのではないかと思っています。ネガティブな感情がスーッと流れていき、ハートがじわっと温かくなったように感じる。

そしてこの温かさは、穏やかな豊かさを受け取っているときの感覚でもあるのです。

いつでもどこでも意識的に口角を上げる

口角を上げたときの感覚を日常的に体感することは、穏やかな豊かさを受け取る練習にもなると思っています。

朝、鏡を見ながら口角を上げましょう。

電車に乗っているときも、口角を上げましょう。

会議中も、口角を上げましょう。

最近、エゴが暴走しはじめたと感じたとき、私は意識的に口角を上げてみました。さらに伸びをして深呼吸し、鼻歌を歌ってみたら……。ああ忙しい！　と走り回っていたエゴの動きが止まるのを感じました。

「もっと頑張らないと」「やっぱり努力と根性だ」。こんな思いが湧き上がってきたときは、口角を上げてみてください。さらに効果を高めるなら、伸びや深呼吸、鼻歌も！　ただし電車の中や会議中なら、鼻歌は心の中で歌うことをおすすめします。

おすすめその2

自分に向かって「愛してる」

私は職業柄、人前でプレゼンテーションをする機会がたびたびあります。そんなとき私は、目の前の参加者さん一人ひとりに向けて「愛してる」と言っています。ただし心の中で、ですが。

この世界は愛でできている、とよく言われます。私も、その通りだと思っています。でも、エゴをバリバリ全開にして生きている頃は、「愛でできている？　何それ？」というのが本音。常に「あいつがムカつく」「オレのほうがあいつよりすごい」なんていうことを考えているので、いきなり「愛」といわれてもピンと来ないわけです。

でも実は、この世には「愛」と「ある」しかありません。それ以外の感覚は、すべてエゴがつくり出しているのです。

自分と他人をくらべたり嫉妬《しっと》したりするのは、エゴが勝手に描いた「こうあるべき自分」を押しつけてくるからです。自分も他人も、ありのままに愛せばいいのに。

水が半分入ったグラスを見たとき、「半分しかない」と不足感を覚えるのは、「水はいっぱい入っているべきだ」というエゴの思い込みがあるから。シンプルに、そこに「ある」現実を受け入れればいいのに。

愛を伝えることで、自分や他人の心とつながれる

「愛してる」は、エゴをすり抜け、ダイレクトに心（＝魂）とつながる言葉です。他人に言えば他人の心と、自分に言えば自分自身の心とつながります。

私はたびたび、鏡の中の自分をじっと見つめ、ハート（ウルトラマンのカラータイマーのあたり）に手を当てて「愛してる♡」とつぶやきます。ちょっと、いや、かなり照れくさいですが、何度か繰り返すとハートがじわっと温かくなるような感覚を覚えます。同時に、「絶対に大丈夫」という安心感や、どんな人生でも創造していけるという軽やかな勇気も感じることができます。これが、自分自身とつながっているサイン。この状態でひらめいたことは、間違いなく心の声です。

おすすめその3　ムカつくときは我慢しない

心の声をキャッチして、よい現実を引き寄せるためには、よい気分で過ごすことが大切。これは、引き寄せの基本とも言える考え方です。

引き寄せを始めた頃の私は、よい気分でいようとするあまり、ネガティブなことを感じてはいけないのだ！　と考えていました。そのために真剣に取り組んでいたのが、「感情を選ぶ」ことでした。自分ではどうすることもできない出来事に感情を左右され、怒ったりいら立ったりするのはよくないことだ、と思っていたのです。

不快なことがあってもすぐにムカッ！　としてはダメ。まずは起こった事実を見極め、それをどう受け止めるか考えてから感じるようにする。

ネガティブな感情が起こりそうになったら呼吸を意識し、平常心を保つ。

苦手な相手に対しても、感謝の波動を出す。

それなりの期間、こうした努力を続けていました。

どんな感情も押さえ込まずに感じきる

今の私はどうか？　と言えば、**感情を選ぶことは一切していません**。エゴの力でネガティブな感情を打ち消したり書きかえたりしても、それは本物の「よい気分」ではない、ということに気づいたからです。

ムカッ！　と来ることがあるのも、苦手な人がいるのも、当然のこと。イヤだと言っているのに、エゴに「そんなことないよ。怒っちゃダメだよ」なんて否定されたら、心はどう感じるでしょう？　満たされ、よい気分になれるはずがありません。

よい気分でいるために大切なのは、すべての感情を感じきることです。ムカッ！と来たとき、私はどうしているか。瞑想？　深呼吸？　ぜんぜん違います。

「バーカバーカ！」「超ムカつく！　おまえなんか大っきらいなんだよ！」と悪態をつきまくる。こうして感情を流してしまうと、すぐにすっきりした気分になれます。

このときの注意は、ひとつだけ。人目のない場所を選ぶことです。

おすすめその4

イマココに存在する

あのときこうしていれば、もっとよい人生を送っていたかもしれない。

今もっと頑張らなければ、成功できるはずがない。

過去を振り返って悔やんだり、未来を想像して取り越し苦労をしたりすることは、だれにでもあると思います。こうした思いはすべて、エゴが生み出すもの。心を守ろうとするあまり、エゴが危機管理に走りすぎてしまった結果です。

でも人生の創造に必要なのは、過去の分析・反省や、未来を予測して賢く立ち回ることではありません。だから、エゴの言い分に振り回される必要はないのです。

主導権を握っているときのエゴは、なかなかずるいヤツです。心の声を無視して、いちばん安全だと思われるものを選ぶ。その結果、うまくいけば「オレのナイスな判断のおかげ」と、王座でふんぞり返ります。

そしてうまくいかなくても、ちょっとやそっとのことでは王座を降りようとはしません。それどころか「あのときはこうするべきだった」「努力が足りないから失敗したんだ」と、心を責めてくるのです。元を正せば、エゴの判断に従ったのに、です。

目の前のことを楽しむ瞬間を積み重ねていく

エゴの下す判断は、心の満足とはなんの関係もありません。うまくいっても心はぜんぜん満たされないし、うまくいかなければエゴに責められる。これでは心がすねてしまい、進むべき方向を教えようとさえしなくなってしまいます。

私たちがしなければならないのは、「イマココ」を生きることです。エゴがつくり上げた世界ではなく、リアルな世界を生きることです。過去や未来のことは頭から追い出す。そしてただひたすら、目の前のことを楽しむ！

「イマココ」をよい気分で過ごすことに集中していると、エゴの暴走がおさまり、心の声が聞こえるようになってきます。**そして心の声に従って生きることで、自分だけのオリジナルの人生をつくり上げていくことができるのです。**

おすすめその5　ふだんと違うことをする

平日の朝食は、いつも食パンと目玉焼き。いつもと同じルートで駅まで歩き、同じ時刻の電車に乗って会社に向かう。昼休みにはいつもと同じコンビニでお弁当を買い、夜は自宅でＳＮＳ三昧《ざんまい》。

私たちはつい、「いつもと同じ行動」をしがちです。もちろん、悪いことではありません。でも同じことをしている限り、これまでと同じ人生が続いていく、ということを忘れてはいけません。

「いつもと同じ行動」は、エゴが主導するものです。効率、所要時間、周囲とのバランス。こういったことを考えたうえで選択されています。それが習慣になってしまうのは、ふと違うことをしてみたくなっても、エゴがじゃまをするからです。

今日は1本早い電車に乗ってみようかな？　パッと湧いてくるインスピレーション

は、心の声です。でも主導権を握っていたいエゴは、いちいち反対してきます。1本前の電車は急行だから混んでるよ。乗り継ぎがよくないから、会社につく時間はいつもとほぼ同じだよ。こうして、「思いついたけれど実行しない＝心の望みを叶えない」ことが重なってしまうのです。

新しい経験をすることで、心の声が聞こえやすくなる

心の声に従うことは、「イマココ」を楽しむことにつながります。さらに、心に新鮮な刺激を与えることもできます。

いつもと違う店に行く。いつもと違うものを食べる。**新しい経験によってインプットされる情報はエゴにとってなじみのないものであるため、とっさに対処することができません。**エゴがあれこれ口出しできなくなる分、心の声が聞こえるようになります。そして、本当の望みに気づきやすくなるのです。

ふと思いついたこと、気になったことは、迷わず試してみてください。ちょっとした行動が、新しい人生を創造するきっかけになるかもしれません。

おすすめその6　ゆったりくつろぐ

心の声をキャッチすることに慣れていないと、何も聞こえてこないのを不安に感じるかもしれません。聞こえない理由には、ふたつのパターンがあります。

ひとつめが、エゴがじゃまをしているから。「あれを準備してこれをやって、A社に行きながらB社にメールして……」などとエゴが張りきっているために、心の声がかき消されてしまったり、心がすねてしまったりしている場合です。

ふたつめが、心が何も訴えていないから。心は、四六時中何かを求めてくるわけではありません。静かに休んでいるときも多いのです。そもそも何も言っていないのだから、聞こえないのは当たり前です。

心の声が聞こえないのに、「ワクワクしなきゃ!」「よい気分にならなきゃ!」などとジタバタするのは逆効果。無理やり何かをしようとすると、エゴにコントロールされてしまうことが少なくないからです。

何もしない時間をつくって、その瞬間の心地よさを味わう

心の声が聞こえなかったり、聞こえにくかったりするときは、あえて何もしない時間をつくってみてください。忙しさも心配ごとも頭から追い出し、自分なりの方法でゆったりくつろぎましょう。

瞑想をしてもいいし、お風呂でのんびりしてもいい。深呼吸や伸びをするだけだっていいし、ひたすらゴロゴロしてもいい。短い時間でもよいので、ダラけて、ボーッとして、「イマココ」の心地よさを感じてください。

不安やいら立ちは、エゴが勝手につくり出した幻想です。もちろん、人生には不快なことや理不尽なこともあるけれど、その経験を引きずったり、想像して取り越し苦労をしたりする必要なんてないのです。

ゆったり過ごす時間をつくり、その瞬間を味わいつくす……。これだけで、心が人生の王座に戻ってきます。

おすすめその7

ちゃんとしなくていい

数年前までの私は、いつも目の前の現実に押しつぶされそうになっていました。真剣に考えて一生懸命頑張って、それでもうまくいかない。苦しくて、涙が出てきたこともありました。

なんとか売上を上げたい一心で、仕事はもちろん、引き寄せにも真面目に取り組んでいました。

毎朝神社にお参りする。毎日トイレ掃除をし、週末は家中を徹底的にきれいにする。玄関に靴を出しっぱなしにしない。「ありがとう」「ツイてる」を口に出す。この他にも、まだまだたくさんのことをしていました。でも……。お金はぜんぜん入ってきませんでした。

そしてある時期から、キッチリ続けていたことを少しずつサボるようになりました。

神社に行くのは週に1回。トイレ掃除は回数を減らし、玄関は靴だらけ。「ツイてる」なんて言わなくなったし……。

でも、そのしばらく後に心が王座に戻り、穏やかな豊かさが流れ込んでくるようになりました。

ちゃんとすることは、自己肯定感の低さの裏返し

以前の私はものごとを深刻に受け止め、真面目に生きることで自己肯定感の低さをごまかそうとしていたような気がします。「自分はダメな人間だけれど、こんなにちゃんとしている！」と思うことでバランスをとろうとしていたんでしょう。同時に、ちゃんとしていないと神様からよい人生をプレゼントしてもらえないのでは、というような気持ちもあったのかもしれません。

ちゃんとするのをやめた後、私は自分の存在そのものが素晴らしい、と思えるようになりました。心の声に従うことだけを意識し、リラックスしてのほほ〜んと暮らしていますが、今の私には、自分の人生を最高に楽しんでいるという実感があります。

おすすめその8

心の声が聞こえたら動く

引き寄せのためには、宇宙の法則を正しく理解することが大切。でも同時に、行動することも必要です。

たとえば「豊かになりたい」と思った場合、本やブログで引き寄せについてしっかり学んだとしても、それだけでは何も変わらないでしょう。瞑想しても、よい気分でいることを心がけても、それだけで現実を動かすことはできません。心の声をキャッチすることができるようになったのなら、それを叶えるために動かなければ！

もちろん、動いたからといってすべてがうまくいくわけではありません。どんなに知識が豊富でも、正しく解釈できていなかったり、慣れていないためにうまく実践できなかったりすることもあります。また、単に「よい方法だけれど、自分には合わない」というものもあるでしょう。

ふとひらめいたことは、できる範囲でやってみる

行動することが大切、と言っても、むやみに動けばよいわけではありません。私は引き寄せを始める前から、売上を上げるために思いつく限りのことをしていました。アポ取りの電話をかけまくり、飛び込み営業をし、手元の名刺を掘り起こし……。でも必死に動き回っても疲れるだけで、望む結果は得られませんでした。理由は簡単。心の声ではなく、エゴの指示に従って動いていたからです。

引き寄せにつながる行動とは、心の願いを叶えるために動くことです。お茶が飲みたい。あの店に寄ってみたい。ふとひらめいたことは、心の声です。まずは、それをキャッチすること。そしてキャッチしたら、動くことです。

たとえ完全に叶えることができなくても、そのときにできる範囲で行動を起こしましょう。願いを叶えようとしてくれた、という事実が心を満足させるからです。最初のうちは、心の声とエゴの声を聞き違えることもあるかもしれません。迷ったときは、とりあえずやってみる！　間違いに気づいたら、その時点でやめればいいのです。

おすすめその9　受け取り上手になる

親しい人にプレゼントを渡したとします。「高かったでしょう？　ごめん」と申しわけなさそうな顔をするAさんと、「イェーイ！　ありがとう」と大喜びするBさん、どちらの反応がうれしいですか？　どちらにまた贈りものをしたいと思いますか？

ほとんどの人が、Bさんを選ぶと思います。実は、引き寄せもこれと同じです。小さな幸せでも心から喜んで受け取れば、「次はもっと喜ばせよう！」と、プレゼントの質がよくなり、回数も増えていきます。「受け取り上手」かどうかで、人生を創造するスピードが大きく変わっていくのです。

受け取る恐怖は、エゴがつくり出すもの

心が望んだものが目の前に差し出されたら、全力で喜んで受け取ればいい。遠慮も謙虚さも、申しわけないという気持ちも必要ありません。

最初のうちは、受け取る恐怖を感じます。ずっと売上アップと会社の業績回復を望んでいた私も、いきなり月商が数倍になったとき、喜びより「この後、何か悪いことが起こるに決まってる！」という怖さのほうが強かったぐらいですから。

でもこのとき怖がっていたのは、心ではなくエゴです。エゴが知っているのは、これまでに経験したり教わったりしてきたことだけ。だから自分の想像を超えた現実にぶつかると、オタオタしてしまうのです。

心が望むものは、「自分にはそれを受け取る価値がある」と感じているもの。ビビッているエゴなど無視して、堂々と、大喜びで受け取ってください。

ちなみに私には、毎朝空を見上げながら「私は今日も奇跡を受け取ります」とつぶやき、指をパチンと鳴らす、という習慣があります。受け取り上手のひとりとして、日々の贈りものへの感謝を示しているつもりです。まあ、感謝と同時に「今日も奇跡をお願いします！　受け取る気満々ですよ！」と、「もっとくれ」と言わんばかりの意思表示もしているわけですが。

おすすめその10

遊ぶ！　楽しむ！

私たちの人生の目的は、「喜び」です。人生の満足度は、自分自身がどれだけ楽しんだかによって変わってくるのだと思っています。

楽しみや喜びで心を満たすことは、よりよい現実を引き寄せるためにも大切です。私たちは、自分の感情に近い波動をもつ現実を引き寄せるからです。

そのために忘れてはならないのが、遊ぶこと！　夢中になって遊んでいるとき、私たちの波動は、子どもの頃のように軽くなっています。この軽やかな波動こそ、幸せな人生を創造するために必要なものなのです。

エゴ主導で生きていた頃の私は、休日に遊びに行くことはほとんどありませんでした。家で過ごすことが多い妻に遠慮していたのです。そして妻も、そんな私に気をつかい、あまり外出しませんでした。でも今は、それぞれ自由に遊んでいます。私はフラッグフットボールをしたり、スピリチュアル仲間と「遠足」に行ったり。妻は妻で、趣味のコーラスを楽しみ、友だちとの食事や旅行などにも出かけるようになりました。

一緒に過ごす時間は多少減ったかもしれませんが、お互いに楽しむようになったことで、家庭内の波動が軽やかになりました。その証拠に、家族の笑顔が増え、妻とのちょっとした口げんかも、大幅に減りました。

正しいほうではなく、楽しいほうを選ぶ

心を喜びで満たすためには、ちょっとしたコツがあります。それは、「正しいかどうかではなく、楽しいかどうかで選ぶ」ことです。

私たちは「常識」を刷り込まれてきたため、「楽しいほうを選ぶなんてふざけてる」「苦労するほどエラい」などと思いがちです。**でも、心の声を無視している限り、真面目に生きればごほうびのようによいことが起こる……なんてことはありません。**

自分の人生は、自分で創造するものです。幸せな人生を求めているなら、「イマココ」を楽しく、軽やかに生きましょう。

著者：西山公人（にしやま まさと）
1968年、神奈川県川崎市生まれ。高校時代からアメリカンフットボールを始め、上智大学では1部リーグに所属。1992年、国内独立系の経営コンサルティング会社に就職。持ち前の営業力を活かし、トップクラスの契約数を獲得。その後、子会社設立時に取締役に抜擢され、設立からわずか3年で東証マザーズに上場。2006年、調子に乗って部下を引き連れて独立するものの、創業から赤字続きで、多額の負債を抱える。それでも何とかベンチャーキャピタルや知人・友人に増資に応じてもらい、バスケットボールに特化したフリーペーパー事業を始める。やっと黒字化しそうなときにリーマン・ショックに遭遇。にっちもさっちもいかなくなる。それ以降、プチバブルはあったものの会社の負債は減らず、一方で社員は、1人減り、2人減り、気がついてみれば、自分と妻と叔母の3人だけに。2015年3月、どれだけ頑張っても好転しない状況に嫌気がさし、最後の望みとして当時第2次ブームが来ていた「引き寄せの法則」に従った会社経営をスタート。その後約3年間は、生きやすくはなったものの事態は変わらず、息子の大学進学も危ぶまれていた2018年8月……。とある出来事をきっかけに、一気に状況が好転！

2億《おく》4000万円《まんえん》の大赤字《おおあかじ》を
「引《ひ》き寄《よ》せ」で何《なん》とかしました！

2020年2月29日　初版1刷発行

著者　西山公人《にしやままさと》
発行者　田邉浩司
発行所　株式会社 光文社
〒112-8011　東京都文京区音羽1-16-6
電話　編集部 03-5395-8172　書籍販売部 03-5395-8116　業務部 03-5395-8125
メール　non@kobunsha.com
落丁本・乱丁本は業務部へご連絡くだされば、お取り替えいたします。
組版　堀内印刷
印刷所　堀内印刷
製本所　国宝社

ISBN 978-4-334-95139-9　Printed in Japan